Ceraulé

RÈGLEMENT

DES

ÉTATS DE BRETAGNE.

1768.

TABLE.

RÈGLEMENT

RÈGLEMENT
DES
ÉTATS DE BRETAGNE,

Délibéré en l'Assemblée extraordinaire desdits États, convoquée de l'autorité du Roi, à Saint-Brieuc le 18 Février 1768; & en leur Assemblée ordinaire, convoquée pareillement de l'autorité de Sa Majesté en ladite ville de Saint-Brieuc le 12 Décembre de la même année.

CHAPITRE PREMIER.

Des Commissaires du Roi.

ARTICLE PREMIER.

LORSQUE Sa Majesté aura indiqué, suivant l'usage, la ville & le jour où Elle aura jugé à propos de convoquer l'assemblée des Trois-états de son pays & duché de Bretagne, ses Commissaires s'y rendront en conséquence des ordres qu'Elle leur aura adressés, tant pour former les demandes qu'Elle jugera à propos de faire à ladite Assemblée, que pour y maintenir l'ordre & la règle, recevoir les repréſentations deſdits Gens des Trois-états, & en rendre compte à Sa Majeſté.

I I.

LES États ſeront maintenus dans la poſſeſſion où ils étoient, de prendre les premières connoiſſances de tout ce qui pourroit intéreſſer la police intérieure de leurs Aſſemblées, & d'y ſtatuer ſuivant la différence des circonſtances & des faits; & à défaut des États, ou de l'un des Ordres, ſoit à leur réquiſition, ſoit à celle d'une partie qui ſe prétendroit léſée, les Commiſſaires de Sa Majeſté pourront pourvoir promptement & proviſoirement, tant au maintien du bon ordre & de la règle dans l'Aſſemblée, qu'à la juſtice qui ſera vue appartenir à la partie plaignante.

I I I.

L'ASSEMBLÉE étant formée aux lieu & jour indiqués, les Commiſſaires de Sa Majeſté ſe rendront à la ſalle des États, après avoir été invités d'en faire l'ouverture par une députation, ſuivant l'uſage; ils y prendront la ſéance qui leur eſt deſtinée, & donneront connoiſſance des pouvoirs qu'ils auront reçus de Sa Majeſté, en faiſant faire lecture de la commiſſion générale qu'Elle leur aura fait adreſſer, & la faiſant dépoſer au greffe des États, ainſi que les commiſſions particulières que Sa Majeſté jugera devoir adreſſer à ſes Lieutenans généraux au gouvernement de ſadite Province, & à ſes Lieutenans particuliers dans les différens Évêchés, & aux Membres du Parlement & de la Chambre des Comptes.

I V.

LE ſecond jour de l'Aſſemblée, les Commiſſaires de Sa Majeſté rentreront en l'aſſemblée des États, & après y avoir fait donner lecture des commiſſions particulières qu'Elle aura adreſſées aux Commiſſaires de ſon Conſeil, le premier Commiſſaire dudit Conſeil, fera, au nom de Sa Majeſté, la demande du Don gratuit, lorſque Sa Majeſté le jugera néceſſaire pour le bien de ſes affaires; & leſdits Commiſſaires de Sa Majeſté ſe retireront après avoir fait ladite demande en ſon nom, afin que les Etats puiſſent en délibérer.

V.

LES Commiſſaires de Sa Majeſté entreront en ladite Aſſemblée toutes les fois qu'ils y jugeront leur préſence néceſſaire pour le bien du ſervice de Sa Majeſté, l'intérêt de la Province & le bon ordre de l'Aſſemblée, ſans préjudice du droit des États; ils pourront remettre aux Procureurs généraux-ſyndics, les demandes qu'Elle les aura chargé de faire aux États en ſon nom, ſignés des trois premiers Commiſſaires, ſuivant l'uſage pratiqué juſqu'à ce jour.

V I.

TOUTES les fois que les Commiſſaires de Sa Majeſté ſe rendront à l'Aſſemblée, ils y ſeront reçus au bas du théâtre, & reconduits à leur ſortie par une députation de ſix Députés de chaque Ordre, & les Gardes du premier & principal Commiſſaire, reſteront ſur la première marche du haut de l'eſcalier du théâtre. Dans les circonſtances où Sa Majeſté jugera à propos d'envoyer un Prince de ſon Sang, pour ſon premier & principal Commiſſaire; ſera obſervé à cet égard le cérémonial qui a eu lieu aux années 1708 & 1746; & où Sa Majeſté jugeroit devoir ſe rendre en Perſonne à ladite Aſſemblée, ſera ledit cérémonial établi en conformité de celui arrêté au Conſeil de Sa Majeſté en l'année 1614.

V I I.

ILS obſerveront aux égliſes & cérémonies publiques,

le cérémonial réglé & arrêté le 28 décembre 1673, & inſcrit ſur les regiſtres des États.

VIII.

ILS recevront les députations que les États enverront vers eux, & leur répondront, en ſe conformant aux inſtructions que Sa Majeſté leur aura données; & dans les cas qui n'auroient pas été prévus par leſdites inſtructions, ils recevront les Mémoires des États pour les faire paſſer à Sa Majeſté.

IX.

LORSQUE les États enverront une députation vers les Commiſſaires de Sa Majeſté, la ſéance ſera réglée ainſi qu'elle le fut en 1728 par arrêt de ſon Conſeil, & par ſa déciſion ſubſéquente. En conſéquence le premier & principal Commiſſaire de Sa Majeſté, le Premier Préſident du Parlement & le premier Commiſſaire du Conſeil de Sa Majeſté, auront ſéance au haut du Bureau, dans des fauteuils à bras, & les autres Commiſſaires dans des chaiſes ſans bras; & au côté oppoſé dudit Bureau, prendront ſéance à droite & à gauche, ſavoir, le premier député de l'Égliſe & le premier député de la Nobleſſe dans des chaiſes à bras; les autres députés de l'Égliſe & de la Nobleſſe, dans des chaiſes ſans bras; les députés du Tiers, ſeront placés au ſecond rang, derrière les premiers députés de l'Égliſe & de la Nobleſſe, ſur un banc embourré, couvert d'un tapis vert.

X.

LES Commiſſaires de Sa Majeſté prendront connoiſſance des conteſtations qui pourroient s'élever dans l'aſſemblée des États, & les régleront proviſoirement, ſuivant le droit qu'Elle leur en aura donné, lorſqu'elles n'auront pu être terminées par les Ordres, dans les délais ordinaires, ſauf le renvoi vers Sa Majesté, pour être prononcé & statué définitivement en son Conseil, où toutes lesdites contestations seront & demeureront évoquées.

X I.

Les trois Ordres des États doivent concourir ensemble pour délibérer sur les demandes de Sa Majesté, & sur les affaires de la Province, sans pouvoir s'attribuer aucune autorité l'un sur l'autre, ni se commander respectivement; en conséquence les Commissaires de Sa Majesté, veilleront avec la plus grande attention à ce qu'aucun des Ordres n'usurpe le droit de donner des loix aux autres, à l'effet de conserver aux trois Ordres réunis, & à chacun d'eux en particulier, l'indépendance absolue de toute autre autorité que de celle de Sa Majesté; & si quelqu'un y donnoit atteinte, lesdits Commissaires en rendront compte à Sa Majesté, afin qu'Elle y pourvoie suivant les circonstances.

X I I.

Lesdits Commissaires se feront représenter chaque jour, par le Greffier, les délibérations qui seront prises par les Gens des Trois-états, pour en rendre compte à Sa Majesté, & pourvoir conformément à leurs instructions, à ce que le bien de son service, l'intérêt de la Province & la dignité de l'Assemblée exigeront.

X I I I.

S'il s'élève des contestations entre les Ordres, de manière qu'ils ne puissent former de délibération à la pluralité des Ordres, pour décider du privilége de quelque contribuable qui se pourvoiroit aux États, contre le jugement des commissions intermédiaires, à l'effet de régler s'il doit supporter les charges du Tiers-état, ou jouir du privilége de l'ordre de la Noblesse; les Commissaires de Sa Majesté jugeront lesdites contestations provisoirement, conformément aux Ordonnances ſur le fait de la Nobleſſe, ſauf l'appel au Conſeil, où les parties pourront ſe pourvoir, ſans cependant déroger à l'article DLXI de la coutume de Bretagne, & à l'uſage établi par les délibérations des États, de comprendre dans les rôles de la Nobleſſe, mais en décharge du Tiers, les nouveaux Nobles qui ne ſeroient pas dans le cas de partager noblement, aux termes de la Coutume de Bretagne.

XIV.

LE lendemain de l'ouverture de l'Aſſemblée, les États nommeront une commiſſion de ſix Députés de chaque Ordre, compoſée, autant que faire ſe pourra, de deux Députés de chaque diocèſe; ladite commiſſion s'aſſemblera tous les jours pour examiner les inſcriptions des différens Membres des États, à meſure qu'elles ſeront faites, & ſera chargée de faire repréſenter par ceux qu'elle ſoupçonnera n'avoir pas les qualités requiſes pour avoir ſéance & voix délibérative aux États, leurs titres, ſavoir; pour l'ordre de l'Égliſe, les procurations & autres titres juſtificatifs; pour l'ordre de la Nobleſſe, l'arrêt de maintenue & les extraits de baptême ou les autres titres équivalens; pour l'ordre du Tiers, les procurations & extraits de baptême: ladite commiſſion fera ſon rapport jour par jour aux États qui en délibéreront, & dont les délibérations ſeront exécutées par proviſion, ſans préjudice néanmoins du contenu en l'article III de la Déclaration du 28 juin 1736, en ce qui concerne les Commiſſaires de Sa Majeſté; les liſtes d'inſcriptions ne ſeront arrêtées, imprimées & diſtribuées qu'après le rapport de ladite Commiſſion.

XV.

AVANT la clôture de l'Aſſemblée, leſdits Commiſſaires déclareront, au nom du Roi, leſdits États être confirmés dans tous leurs droits, priviléges & libertés, en renouvelant le contrat qu'il eſt d'uſage de paſſer avec leſdits États, au nom de Sa Majeſté, dans chacune de leurs Aſſemblées; lequel contrat après avoir été confirmé & revêtu de Lettres patentes, ſera enregiſtré dans les Cours ſupérieures de la Province ſans aucune modification ni reſtriction, ainſi qu'il a été réglé & ordonné par les arrêts du Conſeil de Sa Majeſté, des 13 juillet 1661, 14 mars 1667 & de l'année 1671.

XVI.

IL ne pourra être diſtribué dans la ſalle d'aſſemblée des États, ni dans la ville où elle ſe tiendra, aucuns mémoires, requêtes ou papiers manuſcrits, concernant l'adminiſtration politique & économique de ladite province, ni les intérêts des particuliers dans ladite aſſemblée, ſans la ſignature de la partie, ou celle d'un Avocat inſcrit ſur le tableau. Ne pourront aucuns Imprimeurs les imprimer, ni aucunes perſonnes les diſtribuer dans ladite aſſemblée, ſous peine d'être punis par voie de Police, & ſuivant la rigueur des Ordonnances, s'ils ne ſont ſignés d'un Avocat inſcrit ſur le tableau, à moins qu'il n'y ait une délibération des États, ou une permiſſion des Commiſſaires de Sa Majeſté, qui en autoriſe l'impreſſion.

XVII.

POURRONT les États faire, ſous le bon plaiſir de Sa Majeſté, tels règlemens qu'ils jugeront néceſſaires, relativement à la police, à la diſcipline & à l'économie intérieure, & aux différentes parties de l'adminiſtration qui leur eſt confiée, dans les cas qui pourront le requérir, pourvu que leſdits règlemens ne ſoient pas contraires au préſent règlement.

CHAPITRE II.

De la convocation des États, du lieu des Assemblées, & de la forme des Séances.

ARTICLE PREMIER.

LES assemblées des États de la Province, se formeront suivant l'usage, & il sera adressé des lettres de convocation aux Évêques, Abbés & Chapitres des églises cathédrales, aux Barons, Gentilshommes, aux Communautés des villes de ladite Province, & aux Officiers des États; lesquelles lettres contiendront le lieu & le jour auxquels Sa Majesté aura résolu de convoquer lesdites assemblées.

II.

CONFORMÉMENT aux arrêts du Conseil rendus en 1651, sur la demande des États, le Parlement ni aucunes autres Cours ne pourront connoître de l'assemblée, du lieu & de la convocation des États, & de la police intérieure de ladite assemblée, qui demeurera sous la protection immédiate de Sa Majesté.

III.

LES États seront assemblés tous les deux ans, & seront assignés après le 25 Septembre; il pourra néanmoins être convoqué des assemblées extraordinaires, lorsque le cas le requerra, & que Sa Majesté l'ordonnera.

IV.

IL sera choisi dans la ville où s'assembleront les États, un lieu spacieux pour l'assemblée des trois Ordres & leurs Officiers, dans lequel il y ait des chambres convenables pour servir aux délibérations de chacun des Ordres, quand ils seront dans le cas d'en prendre séparément.

V.

V.

LA ſalle des États ſera diſtribuée entre les trois Ordres, comme il eſt preſcrit par la délibération des États du 13 octobre 1586; en conſéquence il y aura au haut de la ſalle, dans le milieu du fond, un dais, & au-deſſous une eſtrade élevée de trois marches, ſur laquelle ſeront placés les fauteuils à bras ſervant de ſiéges aux Préſidens de l'Égliſe & de la Nobleſſe; le Préſident de l'Égliſe ſera aſſis à la droite, & le Préſident de la Nobleſſe à la gauche.

Au-deſſous de ladite eſtrade & ſur un ſimple gradin, ſeront placés, à droite & à gauche, deux bancs couverts d'un tapis, celui de la droite deſtiné aux Évêques qui aſſiſteront à l'aſſemblée des États, & celui de la gauche deſtinés aux Barons.

Immédiatement au-devant de l'eſtrade des Préſidens de l'Égliſe & de la Nobleſſe, & à commencer ſous le dais, il ſera conſervé un eſpace de dix-huit pieds de longueur ſur douze de largeur, lequel ſera fermé d'une baluſtrade tout autour, & ſera deſtiné aux Commiſſaires de Sa Majeſté, lorſqu'ils entreront dans l'aſſemblée.

Le premier & principal Commiſſaire de Sa Majeſté, prendra ſéance dans un fauteuil à bras poſé ſur une plate-forme élevée de trois marches, couverte d'un tapis de velours bleu & blanc, ſemé de fleurs-de-lys & d'hermines, ſous le même dais, qui couvrira également la place des deux Préſidens de l'Égliſe & de la Nobleſſe.

Lorſque le Gouverneur de la province remplira la place de premier & principal Commiſſaire de Sa Majeſté, les deux Lieutenans généraux de Sa Majeſté en icelle, prendront ſéance ſur la ſeconde marche de la même plate-forme, dans des fauteuils à bras, ſavoir; le Lieutenant général dans les huit Évêchés de la haute & basse Bretagne, à la droite dudit Gouverneur ; & le Lieutenant général au département du comté Nantois, à la gauche; & au-dessous de ladite plate-forme, à droite & à gauche, suivant leur rang de réception, les Lieutenans de Sa Majesté dans les différens départemens de la Province, sur des chaises à bras.

A la droite du premier & principal Commissaire de Sa Majesté, & au-dessous de la plate-forme, sera placée une chaise à bras pour la séance du Premier Président du Parlement, & de suite d'autres chaises sans bras pour la séance des autres Officiers dudit Parlement & de ceux de la Chambre des Comptes, auxquels Sa Majesté ordonnera d'assister à ladite assemblée en qualité de ses Commissaires.

Et à la gauche du premier & principal Commissaire de Sa Majesté, pareillement au bas de la plate-forme & dans la même enceinte, sera placée une chaise à bras pour le premier Commissaire du Conseil de Sa Majesté, & de suite une chaise sans bras pour le second Commissaire dudit Conseil, & un banc couvert d'un tapis vert pour les Généraux des finances, Grand-maître des eaux & forêts, Receveurs & Contrôleurs des finances, Receveurs & Contrôleurs des domaines.

Ledit espace sera fermé dans l'absence des Commissaires de Sa Majesté, sans pouvoir être occupé par qui que ce soit.

Le surplus du terrein de ladite salle, sera partagé dans la longueur en deux parties égales.

La moitié dudit terrein qui se trouvera du côté du Président de la Noblesse & du banc des Barons, sera destinée à l'amphithéâtre de l'Ordre de la Noblesse, à l'exception de neuf pieds qui seront réservés vers le bas de la salle.

Le Doyen de la Noblesse siégera à la première place

du premier banc dudit amphithéâtre, & sa place sera couverte d'un tapis vert.

Immédiatement après l'amphithéâtre de l'Ordre de la Noblesse, sera celui des Officiers des États, lequel aura cinq pieds de longueur, & sera partagé dans sa largeur en quatre bancs, dans lesquels se placeront les Procureurs généraux-syndics, le Greffier en chef & le Trésorier; au-dessous, les Substituts des Procureurs généraux-syndics, & au quatrième & dernier banc, le Héraut & le Maréchal-des-logis des États.

Après l'amphithéâtre des Officiers des États, sera le tablier du greffe, qui aura environ quatre pieds de largeur, dans lequel se placeront les principaux Commis du greffe.

L'autre moitié de la salle sera disposée dans la forme qui suit:

Il sera laissé dans le milieu, un espace vide de six pieds de largeur, depuis l'entrée du théâtre jusqu'aux places destinées aux Présidens de l'Église & de la Noblesse.

Le surplus dudit espace, depuis le banc des Évêques jusqu'au bas du théâtre, sera disposé dans la forme qui suit :

A trois pieds environ de distance du banc des Évêques, dans une étendue de vingt pieds, autant que la longueur de la salle pourra le permettre, seront disposés quatre bancs en amphithéâtre, depuis les murs jusqu'à la balustrade qui formera le passage de la salle; les deux bancs supérieurs seront destinés aux Abbés de la Province.

Le troisième sera occupé par les neuf Députés des Chapitres des églises cathédrales, & le quatrième par les Agrégés qu'il plaira à Sa Majesté de permettre aux Chapitres d'envoyer à l'assemblée, sans qu'aucun desdits Abbés,

Députés & Agrégés puissent prendre séance en d'autres places que celles qui leur sont destinées.

L'amphithéâtre de l'Ordre de l'Église, sera séparé par une barrière, de l'amphithéâtre de l'Ordre du Tiers-état, qui suivra immédiatement, & occupera, autant que la salle pourra le permettre, trente-six pieds de longueur & quatre bancs, ainsi que dans l'amphithéâtre de l'Ordre de l'Église.

Au-devant desdits bancs de l'Ordre du Tiers, joignant ceux de l'Ordre de l'Église, sera la place du Président de l'Ordre du Tiers, élevée sur une plate-forme d'une marche, avec un tabouret couvert d'un tapis & embourré, & au-devant un accoudoir également couvert d'un tapis: Les bancs supérieurs de l'Ordre du Tiers, seront occupés, savoir; le premier banc supérieur, par les premiers Députés des villes de Rennes & de Nantes, & ensuite sans aucun ordre entr'eux, par les premiers Députés des villes qui ont droit d'en envoyer deux; & les seconds Députés desdites villes, seront placés au second banc, au-dessous de leurs premiers Députés: les autres Députés se placeront sans distinction entr'eux, dans le surplus des premier, second & troisième bancs; les Agrégés aux Députés des Communautés, se placeront au quatrième banc; les Agrégés de la ville de Rennes d'abord, ceux de Nantes ensuite, & les autres sans distinction de places entr'eux: Pourront même lesdits Agrégés se placer sur le troisième banc lorsqu'il ne sera pas entièrement rempli par les Députés.

Immédiatement après l'amphithéâtre de l'Ordre du Tiers, dans un espace d'environ trois pieds, sera le banc des Officiers de Maréchaussée, près la porte des États, à l'effet d'avoir inspection sur les Cavaliers qui la gardent, & veiller à ce qu'il ne s'introduise dans la salle que des personnes ayant droit d'assister à l'assemblée.

V I.

OUTRE le théâtre destiné aux délibérations qui seront prises en commun entre les trois Ordres, il y aura des chambres particulières destinées à chacun des Ordres de l'Église & du Tiers, lorsqu'ils délibéreront séparément sur les affaires proposées, & le théâtre servira de chambre à l'Ordre de la Noblesse.

V I I.

LES assemblées se tiendront tous les jours, à l'exception des quatre grandes Fêtes de l'année, & des Dimanches de chaque semaine.

V I I I.

LA première séance des États sera le soir du jour indiqué par les lettres de convocation, & consistera dans l'ouverture de l'assemblée par les Commissaires de Sa Majesté; toutes les autres séances seront précédées d'une Messe, celle du lendemain de l'ouverture, sera une Messe du Saint-Esprit, chantée solennellement avec la musique ordinaire, & suivant l'usage; les autres jours la Messe sera célébrée à voix basse par les Aumôniers des États, elle commencera à neuf heures précises.

A neuf heures & demie les Ordres seront en place, à quoi les Présidens tiendront la main.

La durée ordinaire des séances, sera depuis neuf heures & demie du matin jusqu'à deux heures de l'après-midi; elles ne pourront être plus longues, à moins qu'il ne fût instant de finir quelqu'affaire commencée & prête à conclure, auquel cas il en sera délibéré & statué par les États, à la pluralité des voix.

I X.

LES cérémonies des funérailles & honneurs de sépulture,

accordés aux Membres des États, décédés pendant l'assemblée, ne pourront occuper le temps fixé pour les séances, mais seront renvoyées au soir vers les six heures; & les Messes pour les défunts se diront le lendemain à l'heure ordinaire.

X.

DANS les marches publiques des convois & autres cérémonies, le Corps des États sera précédé des brigades de Maréchaussée qui seront de service; & après elles marchera le Maréchal-des-logis, qui sera suivi des quatre Huissiers des États; le Héraut avec sa cote-d'armes, suivra les Huissiers, ensuite les ordres de l'Église & de la Noblesse, marcheront sur deux colonnes, à la file les uns des autres; l'Église prendra la droite, la Noblesse la gauche: l'ordre du Tiers suivra l'ordre de l'Église, pareillement en colonne & de file; & après les trois Ordres, la marche sera fermée par les Procureurs généraux-syndics, le Greffier, le Trésorier & les Substituts des Procureurs généraux-syndics.

X I.

LES jours où les enchères seront reçues, & les fermes adjugées, après que les Membres des trois Ordres auront pris place, que les Commissaires de Sa Majesté seront entrés, & que les fondés de procuration de l'ancienne Compagnie & des nouvelles auront été admis, les portes de la salle seront ouvertes avant la réception desdites enchères, & tous les Notables habitans de la ville où se tiendra l'assemblée des États, y pourront entrer pour s'instruire de la forme & des règles des adjudications, & s'exciter à former dans la suite des Compagnies concurrentes, sans néanmoins qu'aucun d'eux puisse prendre les places destinées aux Membres de l'assemblée; à quoi les Commissaires de Sa Majesté tiendront la main.

XII.

La tribune donnant sur la salle des États, sera construite dans la même proportion qu'elle avoit avant l'année 1760.

CHAPITRE III.

De l'Ordre de l'Église.

ARTICLE PREMIER.

L'ORDRE de l'Église continuera d'être composé des Évêques de la Province, des Abbés pourvus par Sa Majesté des Abbayes de ladite Province, des Chanoines députés des Chapitres des Églises cathédrales, & en outre des Chanoines que Sa Majesté permettra auxdits Chapitres d'agréger à leurs Députés.

II.

L'ÉVÊQUE diocésain présidera, & en son absence, le plus ancien des Évêques, suivant la date de son sacre; & en cas d'absence de tous les Évêques, le plus ancien des Abbés, suivant la date de sa nomination; & en cas d'absence de tous les Abbés, le plus ancien des Députés des Chapitres, suivant la date de sa réception dans le Chapitre.

III.

LES Membres de l'ordre de l'Église assisteront à l'assemblée des États en personne, & non par Procureur; pourront néanmoins les Agrégés, en vertu de leurs procurations, remplacer les Députés qui seront obligés de s'absenter de l'assemblée des États, ou qui décéderont pendant sa durée.

IV.

LES Chapitres des Églises cathédrales, ne pourront députer que des Membres de leur Corps.

V.

Les Pourvus de bénéfices, qui donnent entrée à l'aſſemblée des États, y pourront prendre ſéance, en vertu de leur nomination faite par Sa Majeſté, pourvu qu'ils aient vingt-cinq ans accomplis.

V I.

La ſéance des Membres de l'ordre de l'Égliſe, ſera réglée entr'eux, ainſi qu'elle eſt établie au chapitre II du préſent règlement; les Évêques, ſuivant la date de leur ſacre; les Abbés, ſuivant la date de leur nomination; & les Députés & Agrégés, ſuivant la date de leur réception dans leurs Chapitres.

V I I.

Les Évêques aſſiſteront à l'aſſemblée des États en rochet, camail violet & bonnet carré; les Abbés en rochet, camail noir & bonnet carré; les Députés des Chapitres en ſoutane, manteau long & bonnet carré; les Agrégés auxdits Députés, en ſoutane & manteau long. Les Chevaliers de l'Ordre de Malte, poſſédant des bénéfices qui donnent entrée dans l'ordre de l'Égliſe à l'aſſemblée des États, y entreront l'épée au côté.

CHAPITRE IV.

De l'Ordre de la Nobleſſe.

ARTICLE PREMIER.

Les propriétaires des baronnies donnant droit de préſider l'ordre de la Nobleſſe ſans élection, continueront d'en être les Préſidens-nés, pourvu qu'ils ſoient reconnus Nobles d'une extraction ſi ancienne que ſon origine ſe perde dans l'obſcurité l'obſcurité des temps, ils ſe rendront à l'aſſemblée des États ſur les lettres de convocation de Sa Majeſté, ſuivant l'uſage, & y prendront ſéance dans le rang, & ſuivant l'ancienneté de leurs baronnies.

II.

LES nouveaux poſſeſſeurs de baronnies, ne pourront préſider, ni ſiéger en qualité de Barons, qu'au préalable ils n'aient repréſenté & dépoſé au greffe des États les titres juſtificatifs de leur propriété, & ceux de leur naiſſance, s'ils ne ſont pas iſſus des Maiſons qui ont été en poſſeſſion de préſider l'ordre de la Nobleſſe, pour être, ſuivant l'ancien uſage, examinés par une commiſſion des trois Ordres, ſur le rapport de laquelle les États pourront les reconnoître ou s'oppoſer à leur admiſſion devant Sa Majeſté.

III.

CEUX qui n'auront point obtenu des arrêts confirmatifs de leur Nobleſſe, ſe pourvoiront en notre Cour de Parlement de Bretagne, qui, ſur l'examen de leurs titres, déclarera, s'il y échet, qu'ils ont les qualités requiſes pour entrer aux États dans l'ordre de la Nobleſſe; & les arrêts de maintenue qu'ils obtiendront, ne pourront avoir d'exécution qu'autant que tous les titres & preuves qu'ils auront produits y ſeront rapportés, & qu'ils auront été rendus contradictoirement avec le Procureur général-ſyndic, pour être enſuite, leſdits arrêts, préſentés aux États avant que les Impétrans y aient entrée & voix délibérative.

IV.

LES Gentilshommes exerçant quelqu'emploi que ce ſoit dans les bureaux, fermes ou régies de la Province, ou d'ailleurs intéreſſés dans les affaires de finance, tenant des fermes, ſoit en leur nom, ſoit ſous des noms interpoſés,

& tous ceux qui feront tout autre commerce que le commerce maritime en gros, seront exclus de l'entrée & voix délibérative dans l'ordre de la Noblesse aux assemblées des États, encore bien qu'ils eussent les qualités requises, à moins qu'ils n'eussent repris le gouvernement Noble par un abandon effectif & sincère desdits emplois, intérêts, fermes, commerce & autre usage de bourse commune, dont ils auroient fait déclaration un an au moins avant l'assemblée des États, par-devant le premier Juge royal du lieu de leur domicile, conformément à l'article DLXI de la Coutume de la Province; & en cas de fausse déclaration, ils seront & demeureront privés toute leur vie du droit de séance & voix délibérative aux assemblées des États dans l'ordre de la Noblesse.

V.

AUCUN desdits Gentilshommes, originaires ou non originaires, quoiqu'ils soient de la qualité, & dans les cas ci-devant marqués, ne pourra avoir entrée aux États avant l'âge de vingt-cinq ans accomplis; de quoi il sera tenu de justifier à la première requisition devant les Commissaires de Sa Majesté par la représentation de son extrait de baptême; sauf néanmoins les Barons de ladite province, lorsqu'ils seront âgés de vingt ans, & qu'ils auront obtenu des dispenses de Sa Majesté pour leur permettre d'avoir séance & voix délibérative avant ledit âge de vingt-cinq ans; & en ce cas, les Lettres de dispense qui leur seront données par Sa Majesté, seront enregistrées au greffe des États.

VI.

LESDITS Gentilshommes, autres que les Barons, n'auront aucune préséance les uns sur les autres, à quelque titre & sous quelque prétexte que ce soit. Les Barons présens ſeront inſcrits les premiers à l'ouverture de chaque aſſemblée, ſur la liſte de l'ordre de la Nobleſſe; après eux chacun des Gentilshommes s'y inſcrira de ſa propre main en la manière accoutumée : Aucun d'eux, autres que les Barons, ne pourra prendre de titres ni de qualités, & ne pourront les qualifications avantageuſes, portées par différens arrêts, nuire ni préjudicier à ceux à qui elles n'auroient pas été pareillement données dans les arrêts par eux obtenus, & qui prouveront, ſoit à l'Aſſemblée, ſoit par-tout où beſoin ſeroit, une Nobleſſe dont on ne peut découvrir l'origine.

VII.

LORSQUE les matières miſes en délibération auront été diſcutées, & qu'il ſera néceſſaire de recueillir les voix dans les différens Ordres, les délibérans de chaque Ordre ſeront tenus d'être aſſis pendant tout le temps qu'on recueillera les voix, ſans quoi leurs voix ne ſeront ni recueillies ni comptées; à quoi les Préſidens des Ordres tiendront exactement la main.

VIII.

LORSQUE les Commiſſaires de Sa Majeſté auront fait une demande en ſon nom à l'Aſſemblée, ou qu'il y aura des objets que les Ordres ſeront convenus de mettre en délibération, le Préſident de l'ordre de la Nobleſſe recueillera les ſuffrages, paſſant à cet effet dans tous les bancs, après quoi il retournera à ſa place, d'où il énoncera l'avis de l'ordre de la Nobleſſe formé par la pluralité des ſuffrages de ceux qui le composeront.

IX.

QUAND la préſidence de la Nobleſſe deviendra vacante par incommodité, ou autre raiſon d'abſence du Préſident, & qu'il ne ſe trouvera dans l'Aſſemblée aucuns Barons pour le remplacer, le Président de la Noblesse sera élu par son Ordre, & le Président de l'Église recueillera les voix pour procéder à ladite élection, & énoncera l'avis.

X.

QUAND la Présidence de la Noblesse se trouvera vacante par le défaut de Barons, ledit Ordre élira un Président à la pluralité des voix, & par scrutin : le Président de l'Église recevra le scrutin, & énoncera l'avis.

XI.

LES élections à toutes les places auxquelles les États ont droit de nommer, se feront dans l'ordre de la Noblesse à la pluralité des voix & par scrutin, conformément à l'article XVI du Chapitre VI; lequel scrutin, dans tous les cas où il aura lieu, sera fait dans la forme qui suit : Les commis du greffe feront des billets pour le refus & l'acceptation de la matière mise en délibération; le Greffier passera dans tous les bancs, où tous les délibérans seront assis conformément à l'article VI du présent Chapitre, il remettra deux billets à chacun des opinans; le Président passera ensuite, & recueillera les billets qui seront ouverts & vérifiés dans la forme ordinaire.

XII.

L'ORDRE de la Noblesse sera réputé complet encore qu'il ne se trouvât à l'Assemblée aucun Gentilhomme de quelques-uns des Évêchés, quoique dûment convoqués.

CHAPITRE V.

De l'Ordre du Tiers.

ARTICLE PREMIER.

LE droit de présider dans l'ordre du Tiers, qui, par l'arrêt du Conseil du 7 septembre 1660, avoit été attribué aux offices de Présidens-Présidiaux, supprimés par l'Édit du mois d'août 1764, sera désormais attribué au Sénéchal de la sénéchaussée & siége présidial dans le ressort duquel se tiendra l'assemblée des États, s'il est Député de sa communauté, ou agrégé au Député de ladite communauté.

II.

EN l'absence du Sénéchal de la sénéchaussée & siége présidial, dans le ressort de laquelle se tiendra l'assemblée des États, le plus ancien des Sénéchaux des trois autres sénéchaussées & siéges présidiaux de la Province, qui se trouvera Député ou agrégé au Député de sa communauté, présidera l'ordre du Tiers; & en l'absence desdits Sénéchaux des sénéchaussées & siéges présidiaux, le plus ancien des Sénéchaux des juridictions royales qui se trouvera Député ou agrégé au Député de sa communauté à l'assemblée desdits Etats.

III.

DANS l'absence desdits Sénéchaux des sénéchaussées & siéges présidiaux, & des Sénéchaux des juridictions royales, l'ordre du Tiers pourra élire son Président à la pluralité des voix.

IV.

L'ORDRE du Tiers, sera composé des Députés des villes de Rennes, Nantes, Saint-Malo, Vannes, Dol, Saint-Brieuc, Quimper, Tréguier, Léon, Fougères, la Guerche, Hédé, Vitré, Guerande, le Croisic, Ancenis, la Roche-Bernard, Château-Briand, Rédon, Rhuis, Malestroit, Auray, Hennebond, Pontivy, Josselin, Ploermel, Quimperlé, Lamballe, Montfort, Dinan, Concarneau, Carhaix, Lesneven, Landernau, Morlaix, Lannion, Guingamp, Quintin, Moncontour, Brest, l'Orient, le Port-Louis, & des agrégés auxdits Députés; si ce n'est qu'il plût à Sa Majesté d'accorder à celles des autres villes de sadite province de Bretagne qui n'ont pas le droit de se faire représenter à l'assemblée des États, la permission d'y envoyer des Députés, lorsqu'elles auront mérité cette distinction par l'augmentation de leur population & de leur commerce, & de priver de ce droit celles qui en jouissent, s'il leur devenoit inutile par la diminution de leur commerce & de leurs habitans.

V.

Les villes de Rennes, Nantes, Vannes, Saint-Malo & Morlaix, continueront de jouir du privilége d'envoyer deux Députés à l'assemblée des États, en considération du plus grand intérêt qu'elles ont aux affaires publiques.

V I.

Les Députés des villes, & ceux qui seront agrégés aux Députés, ne pourront avoir entrée & séance dans l'ordre du Tiers, qu'au préalable ils n'aient déposé au greffe des États les procurations de leurs communautés.

V I I.

Les Sénéchaux des siéges présidiaux assistant à l'assemblée des États en qualité de Députés, auront la préséance sur les autres Députés des villes & communautés; après eux les premiers Députés de Rennes & de Nantes, ou les seconds Députés desdites villes, en l'absence des premiers, auront la préséance, & le surplus desdites séances se règlera ainsi qu'il est plus au long expliqué au Chapitre II, article V.

V I I I.

Aucun des Membres du Tiers-état, ne pourront s'absenter, si ce n'est pour cause de maladie, ou pour autres excuſes légitimes propoſées à leur Préſident, & agréés par leur Ordre; & pour obvier aux abus, ils ſeront également tenus de prévenir des motifs & du temps de leur abſence.

IX.

Les Communautés des villes ne pourront rappeler leurs Députés avant que l'Aſſemblée ſoit ſéparée.

X.

Seront tenus les Députés des communautés dans l'ordre du Tiers, d'envoyer à leurs communautés, copie des demandes du Roi à l'Aſſemblée, & des délibérations définitives ſur leſdites demandes; comme auſſi les délibérations particulières qui intéreſſent les villes dont ils ſeront Députés, & les campagnes de l'arrondiſſement; faute à eux de le faire, les communautés des villes pourront à leur retour, délibérer de les priver de la rétribution & taxe à eux faite ſur les deniers d'octrois deſdites villes pour leur aſſiſtance à l'aſſemblée des États.

XI.

Pourront les villes, qui ont droit de députer à l'aſſemblée des États, nommer avec l'agrément du Gouverneur, & en ſon abſence, du Commandant en chef dans la province, tel nombre d'Agrégés qu'elles croiront utiles pour aſſiſter à ladite Aſſemblée; mais leſdits Agrégés y aſſiſteront à leurs frais, n'auront voix délibérative qu'au défaut & en l'abſence des Députés deſdites villes, & prendront la ſéance qui leur eſt attribuée au Chapitre II, article V du préſent Règlement.

XII.

Les Députés & Agrégés ne pourront avoir ſéance en l'aſſemblée des États qu'en habit décent & convenable à leur état. Les Sénéchaux des ſénéchauſſées & ſiéges préſidiaux de Rennes, Nantes, Vannes & Quimper en robes, & tous les autres Députés, ſans exception, en habits noirs avec manteaux & cravates; & à l'égard des Agrégés ils auront une cravate ſans manteau.

XIII.

LES Députés qui prétendront jouir du privilége que leurs Villes ſont en poſſeſſion de donner, de porter l'épée, la porteront après en avoir obtenu l'agrément des Commiſſaires de Sa Majeſté à l'Aſſemblée, devant leſquels ils ſeront tenus préalablement de juſtifier de leurs titres & poſſeſſion.

CHAPITRE VI.

Règles pour les convocations des Membres des États, leurs inſcriptions & la forme de leurs délibérations.

ARTICLE PREMIER.

LORSQUE le Gouverneur de la province de Bretagne aura reçu les ordres de Sa Majeſté, pour le temps & le lieu de l'aſſemblée des États, il en inſtruira les Évêques, Abbés, Barons, Gentilshommes, Chapitres & Communautés, & leur enverra à cet effet les lettres de convocation dans la forme ordinaire.

II.

TOUTES actions, inſtances & procédures en matière civile, demeureront ſurſiſes dans tous les Tribunaux, en faveur de tous ceux qui auront droit d'aſſiſter à l'Aſſemblée, pendant la quinzaine qui précédera l'ouverture des États, ſans

ſans qu'on puiſſe, pendant ce temps, faire aucune pourſuite contre eux, ſous peine de nullité, & de dommages & intérêts, à moins qu'ils ne ſe fuſſent déſiſtés formellement de leur privilége; mais ladite ſurſéance n'aura lieu, pendant la durée de l'Aſſemblée, & quinzaine après ſa clôture, que pour ceux qui ſeront inſcrits, ſans que le même privilége puiſſe s'étendre à tous autres, qui ayant droit d'y entrer & délibérer, ne s'y ſeroient pas fait inſcrire & n'y auroient pas aſſiſté; & dans le cas où quelqu'un des Membres, ayant droit à l'Aſſemblée, auroit été empêché de s'y rendre dans les quinze premiers jours, pour cauſe du ſervice de Sa Majeſté, de maladie, ou autre excuſe légitime, jugée par les Commiſſaires de Sa Majeſté, il jouira de ladite ſurſéance, à compter du jour de la notification qu'il aura faite à ſa partie de ſon inſcription.

III.

LES articles I.er & V de la Déclaration du Roi du 26 juin 1736, ſeront bien & dûment exécutés; ce faiſant, aucun Membre des trois Ordres ne pourra avoir entrée & ſéance dans l'aſſemblée des États avant l'âge de vingt-cinq ans accomplis; chacun d'eux ſera tenu de juſtifier à la première réquiſition devant les Commiſſaires de Sa Majeſté, & de dépoſer au Greffe ſon extrait de baptême, lors de la première inſcription; & tous, ſans exception, ſeront tenus de ſe rendre dans la Ville où leſdits États ſeront convoqués au plus tard dans le cinquième jour après celui qui ſera indiqué pour l'ouverture de l'Aſſemblée, & de s'inſcrire ſur les regiſtres du Greffe dans ce délai, après lequel expiré, la liſte des inſcrits ſera arrêtée & ſignée par les trois Préſidens des Ordres, lûe en l'Aſſemblée & dépoſée au Greffe, où il en ſera incontinent délivré une expédition aux Commiſſaires de Sa Majeſté, & nul autre, que ceux qui y feront dénommés, ne pourra avoir entrée & féance dans l'Affemblée tant qu'elle durera; à l'exception néanmoins de ceux dont Sa Majefté aura permis à fes Commiffaires de recevoir les excufes, lorfqu'ils auront été retenus par accident, maladie, ou pour caufe de fervice dans les Troupes de Sa Majefté ou auprès de fa Perfonne, qui les auroient empêché d'arriver au terme fixé par le préfent article. Les Députés & Agrégés des Chapitres & Communautés, dépoferont leurs procurations au Greffe dans le même délai, & il fera fait mention dans la lifte du jour auquel ils en auront fait le dépôt.

I V.

Il ne pourra être formé aucune Affemblée par l'un des Ordres, féparé des autres, fur des objets particuliers de délibération non convenue entre les trois Ordres; & il n'en pourra être fait, à quelque titre que ce foit, aucune mention fur le regiftre des États, ni formé, écrit ou énoncé, aucune proteftation contre les délibérations des États, prononcées à la pluralité des Ordres. Et néanmoins dans le cas où l'un des Ordres demanderoit qu'il lui fût donné acte de fon avis, & qu'il fût infcrit fur le regiftre des États, fa demande pourra être accordée ou refufée.

En cas de refus, pourra ledit Ordre conftater le contenu en fon avis, par-devant deux Notaires mandés à fa Chambre, (fans qu'ils puiffent venir fur le théâtre lorfque les Ordres y feront réunis) & fe pourvoir en conféquence par-devers Sa Majefté pour y être ftatué ainfi qu'il appartiendra.

Et audit cas, l'Ordre qui voudra fe pourvoir, pourra former des commiffions particulières fur l'objet qui aura fait la matière de fon avis, & les délibérations particulières qu'il pourra prendre à ce ſujet, ſeront dépoſées au greffe des États ; le tout néanmoins ſans que le travail particulier de cet Ordre puiſſe interrompre le travail commun, ni retarder les avis à donner dans les délais fixés par les règlemens ſur les objets mis en délibération dans l'aſſemblée des États. Les Préſidens des Ordres ſeront tenus de ſe conformer à tout ce qui eſt contenu au préſent article, aux diſpoſitions duquel, défenſes ſont faites à tous Greffiers, Tabellions, Notaires & Commis des contrôles, de contrevenir.

V.

HORS des cas portés par l'article précédent, il ne pourra être formé aucune commiſſion, ſi elle n'eſt convenue à la pluralité entre les Ordres, & formée des Commiſſaires des trois Ordres.

VI.

LORSQU'À la pluralité des Ordres, il aura été arrêté de former une commiſſion, les Préſidens des trois Ordres ſeront tenus de nommer des Commiſſaires, nonobſtant la réclamation de l'un des Ordres, contre ce qui aura été ainſi arrêté à la pluralité.

VII.

LES commiſſions étant ainſi nommées, & le travail dont elles auront été chargées étant fait, elles feront leurs rapports verbalement à l'Aſſemblée; elles les donneront par écrit, & en remettront une copie à chacun des trois Ordres pour y délibérer aux Chambres, s'il n'y a point été ſtatué par les trois Ordres aſſemblés.

VIII.

PENDANT le temps de la durée des ſéances, tel qu'il eſt fixé au Chapitre II, article VIII, aucun des Ordres ne pourra, de ſon chef, lever la ſéance. Dans le cas où quelque Membre de l'un des Ordres, tenteroit d'entraîner la défection totale de son Ordre, le Président & les Membres dudit Ordre, seront tenus, sans pouvoir s'en dispenser, sous quelque prétexte que ce soit, de rester assemblés avec les deux autres Ordres, & de concourir avec eux aux délibérations proposées ou convenues entre les Ordres, & à tout ce qui sera de l'intérêt de la Province, & du bien du service de Sa Majesté. Seront pareillement tenus les Officiers des États, de rester présens à l'Assemblée pour exécuter les ordres desdits États.

IX.

LES Délibérans se tiendront assis, & dans la plus grande décence; ils auront respectivement pour les trois Ordres, pour chacun des Membres qui les composent, & principalement pour les Présidens, les égards qui leur sont dûs, sous peine contre tous ceux qui ne se conformeroient pas aux dispositions du présent article, de telles réparations qui seront jugées nécessaires, même d'exclusion à perpétuité de séance & voix délibérative dans l'assemblée des États, si la gravité du cas le requiert, conformément aux défenses expresses, portées aux règlemens des États. Les Présidens des Ordres veilleront à l'exécution du présent article, & les Commissaires de Sa Majesté y tiendront la main.

X.

L'ASSIDUITÉ aux Assemblées étant nécessaire pour s'instruire des affaires publiques, en délibérer avec connoissance de cause, suivre les détails de l'administration, & prendre des avis suffisamment réfléchis; chaque jour de séance, une demi-heure après que les Ordres seront entrés au théâtre, l'Assemblée ne pourra être formée que du nombre des Délibérans qui y seront alors, & ceux qui n'auront point été d'une délibération commencée, n'en pourront connoître en aucune féance, jufqu'à ce que ladite délibération foit formée. En conféquence, l'heure de dix heures & demie arrivée, il n'y fera plus admis de nouveaux Délibérans ; à quoi les Préfidens des Ordres tiendront la main.

XI.

LORSQUE les propofitions ou demandes feront annoncées de la part & au nom de Sa Majefté, par fes Commiffaires ou les Procureurs généraux-fyndics, les États feront tenus d'y délibérer fans délai & fans interruption, pour quelque caufe que ce foit, à moins de nouveaux ordres de Sa Majefté, qui leur feroient notifiés par fes Commiffaires.

XII.

QUAND les propofitions annoncées aux États, ne viendront point de la part de Sa Majefté, les Ordres conviendront préalablement, à la pluralité, de les mettre en délibération, ou de n'y point délibérer ; &, lorfqu'à la pluralité de deux Ordres, lefdits objets feront convenus en délibération, le troifième Ordre fera tenu d'y délibérer.

XIII.

LORSQU'UN des trois Ordres demandera à tarder à délibérer avant d'avoir donné fon avis, les deux autres Ordres feront tenus de tarder à délibérer.

XIV.

SI l'un des Ordres demande, par la bouche de fon Préfident, à fe retirer aux Chambres, les trois Ordres s'y retireront pour y délibérer uniquement fur les demandes de Sa Majefté, ou fur les propofitions convenues entre les Ordres ; &, dans le cas où l'un des Ordres refuferoit de fe retirer aux Chambres, les Commiffaires de Sa Majefté dès qu'ils en feront inftruits, y pourvoiront de leur autorité.

X V.

LORS des délibérations, les fuffrages feront recueillis dans la forme ordinaire & pratiquée dans tous les Ordres, en obfervant ce qui eft prefcrit par l'article VII du chapitre IV.

X V I.

LES fuffrages pourront être recueillis par la voie du fcrutin dans chaque Ordre, lorfqu'une partie de l'Ordre l'aura demandé, & que la pluralité l'aura jugé convenable.

X V I I.

LORSQU'IL aura été fait une demande au nom de Sa Majefté, ou qu'une propofition aura été convenue en délibération entre les Ordres, chacun des Ordres fera tenu de délibérer fans délai, foit au théâtre, foit aux Chambres, fi les Ordres font convenus de s'y retirer. Auffitôt qu'un des Ordres aura donné fon avis, les deux autres Ordres feront tenus de donner le leur dans les vingt-quatre heures, depuis l'envoi fait par l'un des Ordres de fon avis, fans égard au rang que lefdits Ordres feroient en ufage d'obferver; &, où un des Ordres refuferoit de donner fon avis dans ledit délai de vingt-quatre heures, attendu que ce refus ne peut être confidéré que comme un avis oppofé à celui de ceux des deux autres Ordres, la délibération demeurera conclue par la pluralité de deux Ordres contre un, & comme telle, portée fur les regiftres, & fignée des trois Préfidens, & elle aura fon exécution dans tous les cas où l'unanimité n'eft pas requife pour affurer auxdites délibérations leur exécution.

X V I I I.

TOUTES les délibérations feront conclues à la pluralité

de deux Ordres contre un, dans les cas où l'unanimité n'est pas nécessaire; l'avis d'un seul Ordre, contraire à celui des deux autres Ordres, ne pourra être inscrit sur le registre, ledit Ordre étant réputé déchu de son avis ou de sa proposition par la délibération formée par les deux avis conformes, à laquelle il doit se soumettre, à moins qu'il n'en ait obtenu acte, conformément à ce qui est porté par l'article IV du présent Chapitre.

Dans les cas où l'unanimité est nécessaire, suivant le chapitre III du Règlement de 1687, l'avis d'un seul Ordre, contraire à celui des deux autres Ordres, sera inscrit sur le registre, ainsi que celui des deux autres Ordres, s'ils le requièrent, & la proposition sera rejetée.

XIX.

LES Ordres étant aux Chambres, après avoir délibéré, enverront leur avis aux autres Ordres par des Députés suivant l'usage, lesquels Députés donneront lecture de l'avis de leur Ordre, & se retireront ensuite à leur Chambre particulière de délibération.

XX.

APRÈS que les trois-Ordres, étant aux Chambres, se seront ainsi communiqué leurs avis, ou que deux Ordres ayant communiqué les leurs, le délai, porté aux articles XIII & XVII du présent Chapitre, sera expiré, les Ordres se rassembleront au théâtre, pour être les avis énoncés par les Présidens des Ordres, & la délibération prononcée par celui de l'Église.

XXI.

CHACUN des trois Ordres pourra modifier ou changer son avis, ou accéder à l'avis des autres Ordres, & changer ainsi la balance des suffrages après l'énonciation des avis, & avant la prononciation de la délibération par les Présidens de l'ordre de l'Église; mais, après la prononciation de la délibération par le Président de l'ordre de l'Église; ladite délibération, encore qu'elle ne soit pas encore portée sur les registres, ni signée des Présidens, ne pourra plus être changée que du consentement unanime des trois-Ordres.

XXII.

LORSQU'APRÈS l'énonciation des avis une délibération aura été conclue à la pluralité de deux Ordres, dans tous les cas où l'unanimité n'est pas nécessaire, le Président de l'ordre de l'Église ne pourra se dispenser de la prononcer.

XXIII.

LE Greffier, qui assistera sans discontinuation aux séances des États, portera sur un plumitif, tous les actes faits pendant les séances, sans que ce plumitif puisse d'ailleurs lier, ni engager l'Assemblée, ni être cité comme pièce authentique, mais seulement pour servir d'instruction au Greffier sur tous les objets agités dans l'Assemblée, & pour rédiger ensuite les projets des délibérations qui auront été prononcées.

XXIV.

CHAQUE jour le Greffier portera lesdits projets de délibération aux Présidens des trois Ordres & Procureurs généraux-syndics, qui tiendront à cet effet une Assemblée particulière, dans laquelle les Présidens prendront connoissance desdits projets de rédaction des délibérations, & examineront s'ils sont conformes à celles qui auront été prononcées; après quoi le Greffier enregistrera lesdites délibérations sur la minute du procès-verbal de l'Assemblée.

XXV.

A l'ouverture de chaque séance, il sera donné lecture par

par le Greffier, des délibérations du jour précédent, telles qu'il les aura portées au procès-verbal dans la forme ci-devant expliquée; lors de laquelle lecture, s'il s'élevoit quelque difficulté entre les Ordres, touchant la forme & les expressions desdites délibérations, lesdites contestations demeureront éteintes & terminées par le témoignage réuni de deux des Ordres qu'elles sont inscrites telles qu'elles ont été délibérées & prononcées, sans que le troisième Ordre puisse être admis à alléguer le contraire, & la lecture sera continuée, pour être ensuite procédé à la signature.

XXVI.

LA formation des délibérations dépendant essentiellement de la pluralité des avis, elles doivent avoir tout leur effet après avoir été prises & prononcées par l'avis unanime de deux Ordres, excepté le cas où le consentement des trois Ordres est nécessaire, & seront les trois Présidens tenus de les signer.

XXVII.

TOUTES les délibérations, portant disposition des fonds & revenus de la Province, à d'autres objets que ceux compris dans les demandes faites au nom de Sa Majesté, n'auront leur pleine & entière exécution qu'après qu'elles auront été autorisées & homologuées par arrêt de son Conseil, & toutes celles qui auront été par Elle approuvées, auront force de loi, sans qu'aucune Cour, ni autre Tribunal puisse y rien changer, retrancher, ajouter, modifier, ni en arrêter l'exécution sous quelque cause & prétexte que ce puisse être; les assemblées des États, leurs délibérations, & tout ce qui les concerne, étant, conformément à leurs constitutions, sous la protection immédiate de Sa Majesté.

XXVIII.

A la dernière séance des États, le Greffier sera lecture par extrait & enmargement de toutes les délibérations contenues au procès-verbal, sauf à chacun des Ordres à demander la lecture en entier de celles des délibérations qu'il croira utile de faire relire.

XXIX.

L'Assemblée ne pourra se proroger au-delà des délais qui lui auront été fixés par Sa Majesté, sans sa permission expresse, notifiée par ses Commissaires.

XXX.

Le second jour de l'Assemblée, après la messe du Saint-Esprit, il sera distribué dans la salle des États, mille exemplaires imprimés du présent règlement, à ce que qui que ce soit n'en prétende cause d'ignorance, & sera fait mention sur le procès-verbal de ladite distribution.

CHAPITRE VII.

Forme de l'administration des affaires des Gens des Trois-états dans leur Assemblée.

ARTICLE PREMIER.

Les délibérations des Gens des Trois-états devant être précédées pour l'ordinaire d'une discussion qui ne peut se faire avec assez d'exactitude dans l'Assemblée, il sera nommé, suivant l'usage, des Députés des trois Ordres, pour former des Bureaux & examiner les affaires, dont il sera ensuite rendu compte aux États.

II.

Le choix des Députés pour l'examen & le rapport des

affaires, se fera par chaque Ordre, & la nomination des Députés sera énoncée au nom des États, dont ils tiendront leurs pouvoirs.

III.

TOUS les Membres des États, qui auront séance & voix délibérative, pourront être nommés aux commissions ou députations, sans distinguer s'ils sont originaires ou non originaires de la Province, conformément au règlement des États de 1618.

IV.

LE nombre des Députés à chacun des Bureaux établis pendant le temps de l'assemblée des États, sera & demeurera réduit à trois Députés de chaque Ordre dans chacun desdits Bureaux, sans que ce nombre puisse être augmenté, à moins que l'importance ou la multiplicité des affaires n'exigeât absolument un plus grand nombre de Députés à quelqu'un desdits Bureaux.

V.

DANS l'ordre de l'Église, il se trouvera à chacun desdits Bureaux un Évêque, un Abbé, un Député de l'un des Chapitres; l'Évêque, en cas d'absence, sera remplacé par l'un des Abbés ayant séance à l'assemblée des États, & néanmoins celui de l'ordre de l'Église qui aura été député le premier, rendra compte des affaires sur lesquelles le Bureau aura pris des avis avant l'absence de l'Évêque.

VI.

LES mêmes Députés ne pourront être nommés à plusieurs Bureaux, s'ils n'y sont pas absolument nécessaires, afin que le travail desdits Bureaux ne puisse être retardé pour quelque cause que ce soit.

VII.

LESDITS Bureaux s'assembleront les Dimanches de

chaque ſemaine, pendant le même temps qui ſera occupé les autres jours par les ſéances des États.

V I I I.

LESDITS Bureaux s'aſſembleront encore deux autres jours par ſemaine, à des ſéances de relevée, qui commenceront à cinq heures de l'après-midi, & finiront à huit heures; leſdits Députés ſeront tenus de multiplier les ſéances, ſi le travail dont ils ſeront chargés paroît l'exiger.

I X.

AUX ſéances deſdits Bureaux, les opinions ſeront recueillies & comptées par tête & non par Ordre; les avis ſeront formés & arrêtés à la pluralité des délibérans.

X.

L'ÉVÊQUE nommé dans leſdits Bureaux, y recueillera les ſuffrages, prononcera l'avis & en fera le rapport à l'aſſemblée des États, verbalement dans les affaires ſimples & ſommaires, & par écrit dans les affaires plus importantes; duquel rapport par écrit il ſera remis une copie à chacun des Préſidens des Ordres; & en ſon abſence, celui des autres Députés de l'ordre de l'Égliſe qui le remplacera, recueillera les ſuffrages.

X I.

TOUS les Bureaux qui ſeront établis pour l'examen & diſcuſſion des affaires pendant l'aſſemblée des États, ſeront nommés le cinquième jour de l'Aſſemblée, auſſitôt après que la liſte générale aura été arrêtée, ſouſcrite & publiée.

X I I.

LE lendemain de cette nomination, on affichera dans l'Aſſemblée, en lieu éminent près le banc du greffe, un tableau ſur lequel ſeront inſcrits les différens Bureaux, les noms des Députés qui les compoſeront, & du Commis qui en aura le département, les jours, le lieu & l'heure des Aſſemblées dont les Députés ſeront convenus pendant la ſemaine, afin qu'aucun d'eux ne puiſſe s'en abſenter par ignorance, & pour ſervir d'indication à ceux dont les affaires ſeront renvoyées auxdits Bureaux.

XIII.

CHACUN deſdits Bureaux aura un Commis qui lui ſera ſpécialement affecté, & qui aſſiſtera aux ſéances toutes les fois qu'il en ſera requis ſeulement, entendra les délibérations, formera les états, rédigera les rapports, & fera les écritures qui lui ſeront ordonnées par les Chefs deſdits Bureaux, leſquels Commis ſeront choiſis, autant qu'il ſera poſſible, dans les Bureaux intermédiaires, &, du nombre de ceux qui auront le plus de connoiſſance des affaires de la nature de celles qui ſeront portées auxdits Bureaux.

XIV.

NULLES affaires ne ſeront portées directement auxdits Bureaux, & ceux-ci ne pourront s'en charger qu'autant qu'ils les recevront, ou par une délibération de renvoi priſe dans l'aſſemblée des États, ou dans la forme qui ſuit.

XV.

CONFORMÉMENT au règlement des États de 1576, toutes les requêtes particulières ſeront miſes aux mains des Procureurs généraux-ſyndics des États qui s'en chargeront, ſur un regiſtre particulier, en préſence des parties qui les leur préſenteront.

XVI.

LES Procureurs généraux-ſyndics recevront les mémoires & requêtes qui ſeront adreſſés aux États, & en expédieront le renvoi à celui des Bureaux auquel ils jugeront que l'affaire doit être adreſſée; ils y joindront leurs avis & leurs conclusions par écrit, ils tiendront registre desdites requêtes & mémoires, & se feront donner décharge par le Commis du Bureau auquel ils seront adressés, & ledit Commis en tiendra registre. Le Chef du Bureau, après l'examen qui y aura été fait, en rendra compte aux États, qui jugeront à la pluralité des Ordres s'ils doivent en délibérer. Les requêtes & mémoires, avec les pièces y jointes, seront ensuite remises au Greffe par le Commis du Bureau, soit qu'elles aient été délibérées ou non, & les parties s'y retireront pour se faire ressaisir de leurs pièces. A l'égard des requêtes & mémoires tendans à dons, gratifications, aumônes, gages & prétendues récompenses, il en sera usé comme il est prescrit par les articles I.er & II du chapitre III du Règlement de 1687.

XVII.

CONFORMÉMENT au Règlement des États dans les assemblées de 1575, il ne sera délibéré sur aucunes requêtes ou propositions particulières, avant d'avoir terminé les délibérations sur les demandes du Roi & affaires générales du Pays.

XVIII.

TOUTES requêtes non signées seront rejetées, conformément au Règlement des États dans leur assemblée en 1574.

XIX.

TOUTES les requêtes contenant quelque personnalité contre les Commissaires & autres Membres des États, seront rejetées, conformément au Règlement du 24 novembre 1762, sans pouvoir délibérer dans la même tenue sur l'objet desdites requêtes.

XX.

TOUTES celles qui auront pour objet quelqu'une des

affaires dont les Députés intermédiaires ſont autoriſés à connoître, & qui ne leur auront point été préſentées, leur ſeront renvoyées pour y prononcer; & leſdits Députés intermédiaires ſeront tenus, auſſitôt après qu'ils auront examiné chacune d'elles & formé un avis, d'en rendre compte à l'Aſſemblée pour qu'elle y ſtatue définitivement.

X X I.

TOUTES les requêtes, mémoires & propoſitions particulières, quelque favorables qu'elles puiſſent être; les plaintes contre les déciſions de Bureaux intermédiaires; les mémoires tendans à établiſſement & gratifications, ne pourront être admis en délibération, s'ils n'ont été propoſés dans le délai de ſix ſemaines depuis le jour de l'ouverture de l'aſſemblée des États : Ne pourront les Procureurs généraux-ſyndics ſe charger deſdites requêtes ou mémoires, ni les Préſidens en faire renvoi aux Bureaux pour les cas exprimés aux articles I & II du chapitre III du Règlement de 1687, après ledit délai expiré, pour quelque cauſe, & ſous quelque prétexte que ce ſoit, ſauf aux parties à ſe préſenter à l'Aſſemblée ſuivante, à moins toutefois que les motifs de la requête ou mémoire ne fuſſent fondés ſur un évènement arrivé depuis l'ouverture de l'aſſemblée actuelle des États.

X X I I.

CONFORMÉMENT au Règlement des États de 1630, celui des Membres de chaque Bureau qui fera le rapport du travail aux États, le fera verbalement dans les matières ſommaires, & par écrit dans les autres matières; & en ce dernier cas le ſignera & en fera faire trois copies, une pour chacun des trois Ordres, enſuite le Commis dudit Bureau en fera le dépôt au greffe des États avec les pièces, ſi aucunes y a, par bref-inventaire; quoi faiſant, le Commis du Bureau en ſera déchargé, & le Greffier en demeurera chargé, ſauf à s'en faire décharger par les parties qui voudront retirer leſdites pièces & mémoires.

XXIII.

Le nombre des Bureaux où ſe diſcuteront les principales affaires des États pendant la durée de l'Aſſemblée, ſera réduit à huit principaux qui ſeront :

1.° Le Bureau des finances; 2.° le Bureau des affaires contentieuſes; 3.° le Bureau des baux & adjudications; 4.° le Bureau du commerce & ouvrages publics; 5.° le Bureau des impoſitions; 6° le Bureau des étapes & caſernement; 7.° le Bureau des domaines & contrôles; 8.° le Bureau des contraventions.

1.° *Le Bureau des finances.*

Ce Bureau ſera formé, comme il eſt dit ci-deſſus, de neuf Députés, trois de chaque Ordre, & d'un Commis pour le ſervice & les écritures dudit Bureau.

Le Tréſorier des États ſera tenu d'aſſiſter aux aſſemblées de ce Bureau lorſqu'il y ſera appelé.

Le premier jour de la ſéance des Députés, le Tréſorier y préſentera le bordereau par eſtime des fonds à projeter par les États, balancé en recette & dépenſe; & dans les trois jours ſuivans la Commiſſion en fera le rapport à l'Aſſemblée, avec ſes obſervations, pour que les États puiſſent avoir connoiſſance de leur ſituation dans les délibérations qu'ils auront à prendre.

Aux ſéances ſuivantes ledit Bureau fera l'examen & vérification des requêtes de ratification que le Tréſorier des États préſentera, des contrats conſtitués, & de ceux conſentis,

consentis, échangés & remboursés depuis la précédente tenue en vertu des procurations des États, lesquels contrats approuvés préliminairement par l'un des Procureurs généraux-syndics, seront ratifiés par les États.

Ledit Bureau appurera le compte des étapes & hors-fonds suivant l'usage ordinaire, sans se détourner à d'autres occupations, & arrêtera ledit compte pour le comprendre dans la vérification de l'état de fonds.

Aux séances qui suivront ledit examen, le Bureau s'occupera de celui du compte des fonds des haras, & en fera rapport aux États avant de s'occuper des objets politiques & économiques de cette partie d'administration, qui seront renvoyés auxdites séances de ladite Commission.

Le compte de l'ordinaire qui est compris dans l'état de fonds, y sera balancé en recette & dépense, & fera partie du travail & du rapport dudit Bureau.

Le même Bureau fera la vérification de l'état de fonds au vrai de la précédente tenue, & à cet effet lui seront remis les résultats des comptes examinés aux autres Bureaux, pour les faire entrer en considération dans la vérification de l'état de fonds. Les articles de recette & dépense seront portés au vrai dans ladite vérification, & composés tant du montant des recettes que des articles de dépenses autres que ceux qui n'auroient pas été confirmés dans l'état de fonds de la précédente tenue. Les articles non approuvés par l'arrêt du Conseil, seront présentés aux États pour être, le fonds qui en avoit été fait dans la précédente Assemblée, versé en recette dans le nouvel état de fonds pour autre emploi; & suivant que, par la balance de ladite vérification, il résultera excédant de recette, ou excédant de dépense, il en sera fait rapport aux États qui, si la balance n'est pas au pair, feront article ou de l'excédant de recette, ou de l'excédant de dépenſe dans le nouvel état de fonds; ladite vérification arrêtée, ſera portée par les Députés dudit Bureau aux Commiſſaires de Sa Majeſté, pour être par eux approuvée & ſignée, enſemble par leſdits Députés, & enſuite de l'ordonnance des États, dépoſée au Greffe.

Enfin le même Bureau vérifiera l'état de fonds en recette & dépenſe, qui ſera relevé dans un cahier par le Tréſorier, de toutes les recettes ordonnées par les États dans le cours de leurs délibérations, & de toutes les dépenſes, tant de celles qui ſeront accoutumées & réſultantes des règlemens confirmés par Sa Majeſté, que de celles qui auront été extraordinairement ordonnées par les délibérations particulières de l'aſſemblée ; & ledit état, dans lequel les délibérations ainſi que les articles de règlement, ſeront référés à chaque objet de recette ou dépenſe, ſera repréſenté à l'aſſemblée, avec le réſultat de la balance; & ne pourront les articles portés audit état relevé ſur le procès-verbal, être réformés, ſinon du conſentement unanime des trois Ordres, & ils auront leur exécution, ſans qu'il ſoit beſoin de nouvel arrêté, ſi ce n'eſt pour former le fonds qui ſeroit néceſſaire pour égaler la recette à la dépenſe délibérée.

2.° *Le Bureau des Affaires contentieuſes.*

Les Députés de ce Bureau ſe feront rendre compte de toutes les affaires commencées & non conſommées; ils verront les ſuites qu'il convient d'en faire, & les propoſeront aux États dans leur rapport.

Les Subſtituts des Procureurs généraux-ſyndics, aſſiſteront audit Bureau, & y rendront compte des affaires ſur leſquelles il ſera néceſſaire de délibérer.

Toutes les requêtes & mémoires des particuliers, requérant l'intervention des États, en quelques Tribunaux que ce soit, qui seront présentés au Bureau particulier des Présidens & Procureurs généraux-syndics, ne seront point admis, s'ils ne sont appuyés d'un Mémoire consulté & signé de trois Avocats du Parlement ayant vingt ans d'inscription sur le tableau; lequel Mémoire contiendra sommairement le détail du fait & de la procédure, les moyens de droit, & les raisons sur lesquelles on prétendra que les constitutions & les droits de la Province sont intéressés à accorder l'intervention; & alors les trois Présidens en feront le renvoi au Bureau des affaires contentieuses, dont les Députés pourront exiger la représentation des pièces justificatives des faits dudit Mémoire, pour en faire ensuite le rapport aux États, lesquels n'accorderont leur intervention qu'avec la plus parfaite connoissance de cause, & pour la seule conservation des droits, franchises & libertés de la province.

Les Députés dudit Bureau veilleront à ce que le Greffier soit ressaisi avec exactitude des dépôts ordonnés dans l'assemblée, & qu'il en prenne charge sur ses regiſtres.

3.° *Le Bureau des Baux & Adjudications.*

Les Députés audit Bureau s'occuperont, non-seulement des conditions du bail général des fermes de la Province, & des abus qui auront pu s'y commettre, ils prendront de plus connoissance de toutes les affaires dont la régie en recette ou en dépense pourroit être faite par entreprise au rabais.

Ils examineront s'il est utile d'en faire la régie, ou plus avantageux d'en faire des adjudications, & de les faire dans l'assemblée des États, ou de les renvoyer aux Bureaux intermédiaires.

Ils appelleront à leurs séances, toutes les fois qu'ils le jugeront utile, le Député & l'Avocat-conseil de l'ancienne Compagnie des Fermes, ensemble un Député de chacune des Compagnies qui se seront formées pour la nouvelle adjudication.

Ils s'instruiront, par les représentations des Députés des Compagnies, & par les mémoires qui leur seront renvoyés, si les conditions des baux ou régie n'ont pas été interprétées par les redevables, pour éluder de légitimes droits, ou par les adjudicataires pour les étendre; & dans ce cas ils proposeront des avis pour lever l'obscurité desdites conditions.

Ils considéreront si ladite perception a été uniforme, & si la régie peut être simplifiée par de nouvelles conditions; si les adjudicataires & régisseurs, ou leurs commis, se sont conduits convenablement, avec sagesse & modération; si les exemptions prétendues sont légitimes, ou si la province n'en doit pas poursuivre en son nom, le déboutement, l'intérêt de l'Adjudicataire n'excédant pas la durée de son bail.

Enfin ils se feront instruire par le Trésorier, si les payemens se sont faits à sa caisse avec exactitude, dans les termes & délais fixés; & du tout ils feront le rapport aux États, sauf l'autorisation des Commissaires de Sa Majesté, dans tous changemens qui pourroient être proposés.

4.° *Le Bureau du Commerce, & Ouvrages publics.*

Les Députés audit Bureau se feront rendre compte par le Trésorier, de l'état & situation de sa caisse, en conséquence des ordonnances qui auront été expédiées par le Gouverneur de la Province, & en ſon abſence, par le Commandant en chef dans ladite Province, & le Commiſſaire départi en icelle, ſur les fonds faits par les États, relativement aux ouvrages publics, ſoit grands chemins, ſoit quais & ports de mer, fontaines publiques & autres ouvrages de cette nature; les Commiſſaires intermédiaires ſeront conſultés pour l'adjudication & l'emploi des fonds donnés par les États pour leſdits ouvrages, de la même manière qu'ils le ſont pour l'adjudication & l'emploi des fonds accordés pour les grands chemins; ils s'inſtruiront du progrès deſdits ouvrages, s'ils ſont à leur perfection, ou s'il ſeroit avantageux que les États accordaſſent de nouveaux ſecours pour les achever; ils balanceront la recette du Tréſorier avec ſa dépenſe ſur chacun deſdits articles, & en préſenteront le tableau aux États.

Ils recevront & examineront les projets préſentés comme utiles, pour leſquels on demandera aux États des ſecours, ou leur protection & intervention.

Tous leſdits mémoires & requêtes ne ſeront remis audit Bureau, que ſur l'expédition de renvoi fait par l'aſſemblée ou par les Préſidens des Ordres, ainſi qu'il a été ci-deſſus expliqué, ſans que les Députés audit Bureau puiſſent s'occuper d'aucuns mémoires ou projets qui leur ſeroient adreſſés directement, ſans ordonnance de renvoi, non plus que des plaintes ou demandes d'indemnité, ſur leſquelles les Bureaux intermédiaires n'auroient pas donné leur avis, & qui ne leur auroient pas été préalablement adreſſées.

5.° *Le Bureau des Impoſitions.*

Les Députés audit Bureau examineront tous les objets qui, dans l'adminiſtration pour la levée des impoſitions, mériteront attention.

Ils feront chargés de former les repréfentations que les États jugeront à propos de faire aux Commiffaires de Sa Majefté, avant de délibérer fur les demandes faites de fa part, relatives aux impofitions.

Ils examineront les comptes des impofitions en recette & dépenfe ; & ils en feront le rapport à l'affemblée, & après les avoir arrêtés, ils les porteront aux Commiffaires de Sa Majefté, pour être par eux approuvés & fignés, fuivant l'ufage, & en renverront les réfultats aux Députés du bureau pour les finances, pour les faire entrer dans la vérification de l'état de fonds.

Ils formeront leur avis fur toutes les requêtes relatives auxdites impofitions, qui leur feront renvoyées, en fe conformant à ce qui a été ci-deffus prefcrit touchant lefdites requêtes.

Et finalement ils feront le rapport aux États de toutes les affaires dont ils fe feront occupés, & propoferont leur avis, fur-tout quoi les États délibéreront ce qu'ils croiront de plus utile.

6.° *Le Bureau des Étapes & Cafernement.*

LES Députés de ce Bureau examineront, dans cette partie d'adminiftration, les affaires qui auront occafionné des difficultés, fur lequel le Bureau intermédiaire n'aura pu fe décider fans délibération de l'Affemblée.

Ils propoferont les conditions à inférer au bail ou régie des Étapes.

Ils examineront les comptes en recette & dépenfe du cafernement ; ils en feront le rapport à l'Affemblée, &, après les avoir arrêtés, ils les porteront aux Commiffaires de Sa Majefté, pour être par eux approuvés & fignés dans la forme ordinaire, & en renverront les résultats & balances au Bureau pour les finances, pour entrer dans la vérification de l'état de fonds.

Enfin ils formeront & arrêteront leur avis sur toutes les requêtes qui leur auront été renvoyées dans la forme portée au commencement du présent Chapitre, & feront leur rapport à l'Assemblée de toutes lesdites affaires.

7.° *Le Bureau des Domaines & Contrôles.*

Les Députés feront l'examen des comptes du produit de la régie desdits droits, & de l'emploi qui auroit été fait du montant desdits produits. Ils balanceront la recette avec la dépense, & après en avoir fait le rapport à l'Assemblée, ils les arrêteront, les signeront, & les déposeront au Greffe.

Ils ne s'occuperont que des difficultés qui, étant survenues dans la régie intermédiaire desdits droits, leur auront été renvoyées par les États, sur le rapport qui en aura été fait à l'Assemblée par les Commissaires du Bureau intermédiaire.

Ils ne recevront d'autres requêtes que celles qui leur auront été renvoyées, & après avoir formé leur avis sur chaque objet, ils en feront le rapport aux États verbalement dans les matières sommaires, & par écrit dans les autres matières, en remettant une copie de leurs arrêtés à chacun des trois Ordres.

8.° *Le Bureau des Contraventions.*

Le travail de ce Bureau consistera à rassembler les objets sur lesquels les États croiront devoir présenter des remontrances à Sa Majesté par leurs Députés vers Elle; & lesdites remontrances y seront formées; & il se conformera à ce qui a été arrêté par les États en 1671, en n'y inférant aucun article de plainte, concernant les particuliers, dont l'objet ne soit justifié par actes authentiques, déposés au greffe desdits États.

Les Députés représenteront, suivant l'usage, au grand Bureau des Commissaires de Sa Majesté, les contraventions, si aucunes y a, aux droits de la Province, sur lesquelles l'Assemblée croira devoir faire des représentations, & après que les Commissaires de Sa Majesté auront fait les réponses conformes aux instructions qu'ils auront reçues d'elle, le contrat confirmatif des droits, franchises & libertés de la Province, sera passé par les Commissaires de Sa Majesté, en son nom avec lesdits Députés, lequel contiendra toutes les demandes faites par les Commissaires de Sa Majesté, & consenties par les États; & sera signé, tant desdits Commissaires de Sa Majesté, que desdits Députés, & sur icelui toutes Lettres patentes nécessaires seront expédiées au Conseil de Sa Majesté.

XXIV.

NE pourront être formés d'autres Bureaux pendant l'assemblée des États que ceux ci-dessus déterminés, sans des causes imprévues & importantes; & il sera seulement nommé de plus trois Députés, un de chaque Ordre, pour régler & arrêter le cérémonial & les dépenses des pompes funèbres, ainsi que les dépenses du greffe des États, & celles faites par le Hérault, dans le lieu de l'Assemblée, pour l'établissement de la salle: Seront les mémoires desdites dépenses signés des Fournisseurs, du Greffier & du Hérault, chacun en ce qui les concernera, arrêtés par les Députés, présentés par eux aux États, & puis déposés au Greffe avec les pièces justificatives.

XXV.

SERONT en outre nommés des Députés ſuivant l'uſage ordinaire, tant pour recevoir les Commiſſaires de Sa Majeſté en l'aſſemblée des États, que pour les autres députations d'honnêteté établies par l'uſage, & pour aller vers les malades; mais il ne ſera fait qu'une ſimple mention deſdites députations ſans autre détail.

CHAPITRE VIII.

Des Commiſſaires intermédiaires des États.

ARTICLE PREMIER.

IL continuera d'être formé deux grands Bureaux, dont l'établiſſement ſera fixé à Rennes.

II.

LE Bureau général des impoſitions ſera compoſé de ſix Députés de chaque Ordre, & celui des domaines & contrôles, ſeulement de quatre Députés de chaque Ordre, pris indiſtinctement dans tous les Diocèſes, en y comprenant l'Évêque diocéſain qui préſidera auxdits Bureaux.

III.

CEUX qui n'auront pas les qualités preſcrites pour avoir droit de ſéance & de voix délibérative dans l'Aſſemblée, ne pourront être compris dans ladite élection; mais il ne ſera pas néceſſaire d'être préſent à l'Aſſemblée pour être élu.

IV.

CONFORMÉMENT au règlement des États de 1718, il ne ſera fait aucune diſtinction dans l'ordre de l'Égliſe, de ceux qui ſeroient originaires de la Province, & de ceux qui ne le feroient pas; cette diſtinction n'aura point lieu non plus dans l'ordre du Tiers.

V.

OUTRE les deux grands Bureaux qui auront la direction générale de toutes les affaires dont l'adminiſtration eſt confiée aux États & feront établis à Rennes, il continuera d'être formé un Bureau particulier dans chacun des évêchés de Nantes, Vannes, Quimper, Léon, Tréguier, Saint-Brieuc, Saint-Malo & Dol, qui feront établis dans chacune des villes capitales deſdits Évêchés.

V I.

CES Bureaux diocéſains feront compoſés de trois Députés de chaque Ordre, en y comprenant l'Évêque diocéſain qui préſidera auxdits Bureaux, leſquels Députés feront auſſi nommés à la pluralité des ſuffrages dans chaque Ordre.

V I I.

POUR procéder à ladite élection, qui ſe fera après celle des ſujets propoſés pour la formation des deux grands Bureaux, & dans la même ſéance; les Ordres étant aux Chambres, éliront les Sujets qu'ils croiront les plus capables de l'adminiſtration qui doit leur être confiée, ſoit qu'ils ſoient préſens à l'Aſſemblée, ſoit qu'ils en ſoient abſens, & ils en formeront des liſtes qui feront remiſes au Préſident de chaque Ordre.

V I I I.

L'ÉVÊQUE diocéſain préſidera auxdits Bureaux, & en ſon abſence, le plus ancien des Abbés, & au défaut des Abbés, le plus ancien des Députés des Chapitres.

I X.

LES Commiſſaires des Bureaux diocéſains feront admis

au Bureau des impoſitions établi à Rennes, & y auront voix délibérative quand ils ſe trouveront en ladite ville; mais ils ne pourront être appelés ni convoqués par ledit Bureau, ſans une permiſſion expreſſe de Sa Majeſté.

X.

LE premier des deux grands Bureaux établis à Rennes, ſera chargé de l'adminiſtration de toutes les impoſitions dont la levée ſera confiée aux États, de la régie des étapes & du caſernement, des détails des ouvrages publics qui s'exécutent ſur les fonds de la Province, & des affaires particulières dont les États jugeront à propos de le charger, & de la dépenſe & manutention des haras, ſans préjudice des fonctions attribuées aux Inſpecteurs des haras.

X I.

CE Bureau formera le ſommaire des impoſitions à lever dans chaque évêché, il enverra ledit ſommaire au Bureau de chaque évêché, & les Commiſſaires auxdits Bureaux formeront les rôles de leurs villes & paroiſſes, & aſſeoiront leurs impoſitions ſur les contribuables de leurs Évêchés, le plus juſtement qu'il ſera poſſible, en ſe conformant aux déciſions qui ont été ou qui ſeront rendues, ſans pouvoir y rien innover.

Les Commiſſaires dudit grand Bureau, auront ſeuls le droit de rendre des Ordonnances, à l'excluſion des Commiſſaires des Bureaux diocéſains; ils ſeront ſeuls chargés de la dépenſe & régie du caſernement, de la dépenſe & régie des étapes; ils ſeront ſeuls conſultés ſur les dépenſes des ouvrages publics: mais par rapport aux ouvrages éloignés, ils conſulteront eux-mêmes, avant de ſe décider, les Commiſſaires des Bureaux diocéſains. Ils expédieront ſeuls les Ordonnances comptables; rendront, à l'excluſion des autres Bureaux, toutes les Ordonnances de décharges, modération & déboutement, ſur les requêtes de ceux qui auront été compris aux rôles des impoſitions dans les neuf évêchés, après néanmoins que les Commiſſaires aux Bureaux diocéſains auront donné leurs avis ſur les requêtes des particuliers qu'ils auront taxés dans les rôles de leurſdits évêchés.

XII.

L'ASSEMBLÉE du même grand Bureau ſe tiendra deux jours par chaque ſemaine, aux lieu & heure ordinaires, ſans que leſdits Commiſſaires aient beſoin d'autre convocation plus expreſſe.

XIII.

LES Bureaux diocéſains tiendront, toutes les fois qu'il en ſera beſoin, & au moins une fois par mois, des aſſemblées dans leſquelles les Commiſſaires s'occuperont de l'ouverture des paquets qui auront été adreſſés auxdits Bureaux; arrêteront les rôles des différentes villes & paroiſſes de leur évêché, règleront les départemens de chacun des Commiſſaires, diſtribueront entr'eux les requêtes qui leur auront été adreſſées, & en entendront le rapport aux ſéances ſuivantes; ils écouteront le rapport de celles qui leur auront été précédemment diſtribuées, & y donneront leur avis; ils y arrêteront & ſigneront les lettres en réponſe à celles qui leur auront été adreſſées; ils partageront entr'eux toutes les vérifications à faire ſur les lieux, dans les différentes villes & paroiſſes de leur évêché, ſoit pour examiner des ouvrages publics à entreprendre, ou pour réception de ceux qui auroient été entrepris; pour établiſſement de caſernes ou logemens des troupes chez les habitans, vérifications des plaintes deſdits habitans, & autres cauſes. Sur tout quoi, & ſur le rapport de celui des Commiſſaires qui aura vu les lieux, ledit Bureau enverra ſon avis au grand Bureau, ſur lequel les Commiſſaires dudit grand

Bureau rendront les Ordonnances que le bien du ſervice leur paroîtra exiger: Ne pourront les Commiſſaires d'un évêché deſcendre dans les autres évêchés, ſi ce n'eſt au refus des Commiſſaires des Bureaux deſdits évêchés.

XIV.

CHAQUE aſſemblée ſera réputée complette, dès qu'il ſe trouvera ſix Députés au bureau général de la Commiſſion intermédiaire de Rennes, dont il y en ait un au moins de chaque Ordre, & trois dans les Bureaux diocéſains; & dans chacune les délibérations ſeront priſes à la pluralité des voix : en conſéquence, la ſeule pluralité des ſuffrages formera les avis dans les Bureaux diocéſains, & rendra exécutoires les délibérations & ordonnances dudit Bureau, leſquelles délibérations ſeront ſignées par tous les Commiſſaires préſens audit Bureau; & à l'égard des ordonnances & actes réſultant deſdites délibérations, ils ſeront ſignés par un Commiſſaire de chaque Ordre, ſuivant l'uſage, ſous peine à celui qui auroit refuſé de ſigner dans l'un ou dans l'autre cas, d'en répondre perſonnellement; & pour conſtater que chaque ſéance aura été compoſée d'un nombre ſuffiſant de Commiſſaires, & que les avis, délibérations & ordonnances auront été ſignés à la pluralité, il ſera au commencement de chaque ſéance, fait relation ſur le regiſtre, des noms de ceux qui y auront été préſens; aucun d'eux ne pourra inſérer ſur le regiſtre, aucun avis, proteſtation ni réſervation contraires aux avis, délibérations & ordonnances qui auront paſſé à la pluralité.

XV.

LES Députés au grand Bureau ne pourront, ſous quelque prétexte que ce ſoit, faire d'autres levées dans la province, que celles dont les États leur auront confié l'administration, & auxquelles ils ne pourront donner aucune extension.

X V I.

CONFORMÉMENT aux délibérations des États du 8 novembre 1760 & au règlement par eux approuvé le 24 du même mois, les Députés du grand Bureau exécuteront provisoirement les Ordonnances de Sa Majesté dans l'administration des dépenses du casernement & des étapes, encore qu'elles n'eussent pas été notifiées aux États.

X V I I.

LES Députés des Bureaux vérifieront, chacun dans leurs évêchés, la comptabilité de tous les Receveurs des impositions & deniers des États; &, dans le cas où ils ne les trouveront pas en règle sur leur comptabilité, ils en dresseront leur procès-verbal, l'enverront au grand Bureau avec leur avis, & les Députés dudit grand Bureau, rendront provisoirement telles Ordonnances qu'ils jugeront convenables pour obvier au vice de la comptabilité desdits Receveurs, sans suspendre le service & les recouvremens, ni déroger aux obligations du Trésorier des États.

X V I I I.

TOUTES les requêtes contenant des personnalités contre les Députés des Bureaux, seront rejetées sans pouvoir y être statué.

X I X.

TOUTES requêtes qui auront déjà été présentées, & sur lesquelles il y aura eu Ordonnance du Bureau, ne pourront être admises de nouveau, à moins de nouveaux moyens soutenus de preuves valables, ou que la surprise & l'erreur n'en soient évidentes.

X X.

TOUTES requêtes en demande de modération des

impoſitions compriſes aux rôles, après deux années écoulées, ſeront rejetées, ſans qu'il puiſſe y être ſtatué ou accordé aucune modération pour leſdites années, faute aux particuliers taxés de s'être préſentés dans les temps utiles.

X X I.

Les Députés dudit Bureau feront leur rapport aux États, de toutes les affaires qu'ils auront gérées dans l'intermédiaire de chaque Aſſemblée, ſauf aux particuliers à ſe pourvoir également aux États ſur les déciſions du Bureau dans la forme établie par le préſent Règlement.

X X I I.

Les Correſpondans nommés par le grand Bureau dans les différens évêchés de la province, ſeront, autant que faire ſe pourra, & ſans préjudice du choix libre des Bureaux diocéſains, les confecteurs des rôles de la capitation dans l'étendue de leurs départemens, & auront les émolumens & taxations y attachés.

X X I I I.

Les Députés au grand Bureau nommeront pour Correſpondans, ceux qui leur ſeront indiqués par les Députés aux Bureaux diocéſains, ou d'eux-mêmes, à défaut d'indication de la part deſdits Bureaux diocéſains.

X X I V.

Les Correſpondans ne pourront être révoqués par les Députés au grand Bureau, qu'après avoir communiqué les objets de plainte aux Députés des Bureaux diocéſains, & ſera ladite révocation délibérée après qu'ils auront envoyé leur avis.

X X V.

Les Députés audit Bureau feront l'examen des comptes du Tréſorier pour les parties qui les concernent, afin d'en vérifier la recette & la dépenſe. Le Procureur général-ſyndic réſidant dans la province, & en ſon abſence ſes Subſtituts, ſeront tenus d'être préſens à ce travail, & leſdits comptes ſeront renvoyés aux États avec les obſervations des Députés.

XXVI.

LES Commiſſaires du grand Bureau auront toute autorité de contrainte ſur les perſonnes & ſur les biens des Receveurs des deniers publics dont la levée leur eſt confiée, pour faire entrer leſdits deniers dans la caiſſe deſdits États, ſans néanmoins pouvoir étendre leur autorité ſur ceux qui auroient pu ſous-traiter avec les Collecteurs pour leſdits recouvremens, ſauf aux Généraux des paroiſſes, reſponſables du maniement des Collecteurs, en cas d'inſolvabilité deſdits Collecteurs, à répondre des deniers & à pourſuivre dans les Tribunaux ordinaires, leſdits Sous-traitans, ainſi qu'ils verront.

XXVII.

AURONT également toute autorité de contrainte ſur les Adjudicataires des étapes & autres entrepriſes relatives au ſervice dont ils ſeront chargés, même ſur leurs Sous-traitans, Aſſociés & Cautions, pour aſſurer le ſervice actuel & inſtant, & pour le rembourſement des avances ſeulement.

XXVIII.

AURONT encore l'autorité de contrainte ſur tous les citoyens pour le ſervice du caſernement, ſans pouvoir néanmoins entreprendre de prononcer ſur les conteſtations qui en pourroient réſulter, lorſqu'elles ne retarderoient pas le ſervice.

XXIX.

LE Bureau des domaines & contrôles ſera chargé de la

la régie des droits & domaines aliénés & engagés par Sa Majeſté aux États par ſes Lettres patentes de 1759, & recevra les comptes du Tréſorier pour la partie d'adminiſtration qui concerne ledit Bureau.

XXX.

Les Députés de ce Bureau tiendront leurs ſéances trois jours chaque ſemaine, au nombre de trois Députés au moins, dont un de chaque Ordre.

XXXI.

Ils ſe conformeront pour leurs ſéances & délibérations, à tout ce qui eſt porté au préſent chapitre pour le premier grand Bureau dans ce qui ne ſera pas eſſentiellement contraire à l'ordre de la régie qui leur ſera confiée.

CHAPITRE IX.

Des Officiers des États.

ARTICLE PREMIER.

Les Officiers des États ne pourront être élus que parmi les ſujets qui ſeront agréés par Sa Majeſté, & dont Elle aura fait remettre les noms à ſes Commiſſaires; leur élection ſera faite au ſcrutin par les trois Ordres, auſſitôt après la nomination des Députés intermédiaires, & ceux qui auront la pluralité des ſuffrages dans les trois Ordres ou dans deux Ordres, ſeront nommés & prêteront ſerment dans l'Aſſemblée aux mains du Préſident de l'Égliſe; leur nomination ſera faite pour quatre années conſécutives, à la fin deſquelles il ſera procédé dans la même forme à une nouvelle élection, lors de laquelle ils pourront être continués, s'ils ont pour eux la pluralité des ſuffrages dans les trois Ordres ou dans deux Ordres; ils pourront aussi être destitués avant même l'expiration des quatre ans, s'il est ainsi requis par les trois Ordres ou par deux Ordres, mais leur destitution ne pourra pas avoir lieu à la demande d'un seul Ordre.

II.

AUCUNS desdits Officiers ne pourront désigner des successeurs à leur place, par survivance, démission ou résignation, & ils ne pourront être substitués en cas de mort ou de démission dans le temps intermédiaire, sauf néanmoins en cas de décès du Trésorier, à être pourvu de personne solvable, à l'exercice de ses fonctions, par les Députés & Procureur général-syndic en Cour, de concert avec les Députés intermédiaires des grands bureaux de Rennes, suivant qu'il a été pratiqué en 1763, lors du décès du sieur Boyer de la Boissière, Trésorier des États.

III.

LES Officiers des États ne pourront être contraints en leurs biens pour les affaires des États, & leurs gages ne pourront être susceptibles d'aucuns arrêts, si ce n'est au nom des États.

IV.

LESDITS Officiers ne pourront prendre d'intérêt directement ni indirectement dans les Fermes, Régies & autres affaires de finances appartenantes à la province.

V.

ILS ne pourront en aucun cas avoir voix délibérative dans l'Assemblée. Il est défendu à tous lesdits Officiers, & à chacun d'eux, d'obéir aux commandemens qu'ils recevroient d'un seul Ordre contre le vœu des deux autres Ordres, sous peine de privation de leurs charges,

CHAPITRE X.

Des Procureurs généraux-syndics.

ARTICLE PREMIER.

LES Procureurs généraux-syndics ne pourront être choisis que parmi les Gentilshommes, nobles d'extraction & originaires de la Province; ceux de ladite qualité, soit qu'ils soient Membres des États, soit qu'ils soient Membres du Parlement, seront admis au concours, en présentant par eux leurs titres à la commission nommée par les États pour les examiner, laquelle en rendra compte auxdits États pour être ensuite procédé à l'élection. Ils seront élus & continués en la manière expliquée au Chapitre précédent.

II.

L'UN des deux Procureurs généraux-syndics sera chargé de la poursuite des affaires contentieuses des États au Conseil de Sa Majesté, & l'autre sera chargé de la poursuite des affaires contentieuses des États dans les Tribunaux de la Province; à cet effet ils se rendront, après la séparation de l'assemblée des États, alternativement, l'un à la suite dudit Conseil, & le second près le Parlement de Rennes. Celui qui se rendra à la suite du Conseil, y résidera jusqu'à l'assemblée suivante des États; & celui qui se rendra près le Parlement, ne pourra s'absenter que pendant les vacances du Parlement, & pendant le temps qu'exigera l'audition & examen des comptes du Trésorier à la Chambre des Comptes; pendant l'assemblée des États lesdits deux Procureurs généraux-syndics assisteront régulièrement à toutes les séances.

Ils occuperont dans la salle des États la place qui leur

est fixée par le présent Règlement; & lorsqu'ils auront à rendre compte aux États de quelques affaires, ils s'approcheront de l'estrade destinée aux Présidens de l'Église & de la Noblesse.

III.

Le Procureur général-syndic qui se rendra près la la Chambre des Comptes, y prendra séance, suivant l'usage, avec les Avocats & Procureurs généraux de ladite Chambre.

IV.

Suivant le Règlement des États de l'année 1612, les Procureurs généraux-syndics ne pourront exercer concurremment aucunes fonctions d'Officiers de Cours souveraines, soit dans la province, soit au dehors.

V.

Conformément au Règlement des États de 1736, ils formeront un recueil des Mémoires qu'ils auront faits ou présentés sur les différentes affaires des États; ils y joindront les autres pièces instructives de leur gestion, ensemble les arrêts favorables obtenus sur l'intervention des États, & ledit Recueil sera déposé au greffe des États.

VI.

Celui des Procureurs généraux-syndics qui sera député à la suite du Conseil, sollicitera les Lettres patentes ordinaires sur le contrat passé entre les Commissaires de Sa Majesté & les Gens des Trois-états; il adressera ensuite lesdites Lettres au Procureur général-syndic résidant en Bretagne, pour en poursuivre l'enregistrement dans les Cours souveraines de la province.

VII.

Les Procureurs généraux-syndics contrôleront &

approuveront les contrats d'emprunts faits au nom des États, tant sur les minutes que sur les copies, à peine de nullité; ils compareront le montant desdits contrats avec les procurations consenties pour lesdits emprunts; ils prendront connoissance des remboursemens, & feront note du tout pour en rendre compte aux États.

VIII.

ILS ne pourront disposer des deniers assignés dans l'état de fonds pour l'acquit des dépenses imprévues pour aucuns dons ou gratifications directs ni indirects, mais seulement pour les affaires dont ils seront chargés par les États; & leurs mandats sur lesdits fonds, seront visés par le Gouverneur de la province, en son absence par le Commandant en chef & le Commissaire départi concurremment, ou par l'un en l'absence de l'autre; à faute de quoi lesdits mandats ne pourront être alloués dans le compte du Trésorier.

IX.

ILS jouiront des gages qui leur ont été anciennement attribués, outre les gratifications qui leur seront accordées par les États, lesquelles seront comprises dans l'état de fonds, & ne pourront être acquittées par le Trésorier, qu'après avoir été confirmées par l'arrêt du Conseil de Sa Majesté, approbatif dudit état de fonds.

CHAPITRE XI.

Des Substituts des Procureurs généraux-syndics.

ARTICLE PREMIER.

LES deux Substituts des Procureurs généraux-syndics, seront admis à concourir, élus, destitués ou continués dans la forme prefcrite au chapitre IX; ils feront originaires de la Province, de famille fans reproche, & choifis parmi les Juges royaux ou Avocats du Parlement.

II.

DANS le ferment qu'ils prêteront lors de leur réception, ils renonceront, conformément au Règlement des États de 1612, pour les Procureurs généraux-fyndics, à exercer concurremment les offices de Juges royaux.

III.

EN conféquence des gages & gratifications à eux accordées, ils travailleront fans aucun autre émolument, dans les affaires des États, & ils feront tenus de réfider dans la ville de Rennes.

IV.

LES Subftituts feront chargés de concourir avec les Députés & Procureurs généraux-fyndics, pour toutes les affaires des États, foit à la fuite du Confeil, foit dans les Tribunaux de la province, & feront toutes les écritures néceffaires.

V.

ILS pourront remplacer les Procureurs généraux-fyndics dans toutes leurs fonctions, excepté dans les députations à la fuite du Confeil & à la Chambre des Comptes de la Province, auxquelles fonctions les Procureurs généraux-fyndics fe fubftitueront refpectivement, & n'y pourront être remplacés par les Subftituts, que dans le feul cas où ils ne pourroient y vaquer ni l'un ni l'autre.

VI.

LES Bureaux intermédiaires établis à Rennes, pourront appeler lefdits Procureurs généraux-fyndics & Subftituts, à leurs Aſſemblées, lorſque le bien du ſervice exigera qu'ils ſoient conſultés; & ils feront, audit cas, les mémoires qui leur ſeront demandés.

VII.

Si les États ne jugent pas à propos de nommer l'un des Subſtituts pour conſeil, ils pourront nommer tel autre Avocat célèbre du Parlement, qu'ils jugeront le plus digne de cette qualité.

VIII.

Les Subſtituts ſe conformeront à toutes les obligations à eux impoſées dans les autres chapitres du préſent Règlement, & recevront les gages qui leur ont été anciennement attribués; & en outre les gratifications qui leur ſeront accordées, leſquelles ſeront compriſes dans l'état de fonds, & ne pourront être acquittées par le Tréſorier, qu'après avoir été confirmées par l'arrêt du Conſeil de Sa Majeſté, approbatif dudit état de fonds.

CHAPITRE XII.

De l'Avocat des États au Conſeil.

ARTICLE PREMIER.

Lorsque les États jugeront devoir nommer un Avocat pour la pourſuite de leurs affaires au Conſeil de Sa Majeſté, ils conviendront de ſes honoraires dans leur Aſſemblée, ou par leurs Députés & Procureur général-ſyndic en Cour, qui tiendront un regiſtre chiffré d'eux, ſur lequel ledit Avocat prendra charge de tous les papiers, titres & mémoires qui lui ſeront remis pour ſervir d'inſtruction aux Députés qui ſe ſuccéderont, & faire note des démarches & affaires les plus intéreſſantes; ledit regiſtre demeurera aux mains du Procureur général - ſyndic, qui ſera à la ſuite du Conſeil.

I I.

L'AVOCAT des États au Conſeil, ſera tenu de recevoir au moins un jour par ſemaine, les Députés & le Procureur général-ſyndic, & le Tréſorier des États, à l'effet de conférer des ſuites utiles dans les affaires de la Province, dont ils ſeront chargés; il ſera tenu d'aſſiſter auxdites aſſemblées, & d'inſtruire les nouveaux Députés, de l'état des affaires ſuivies par les précédens Députés.

I I I.

EN cas de démiſſion ou décès dudit Avocat, les Députés en Cour ſe préſenteront pour réclamer les titres, papiers & procédures des États, dont il aura été chargé ſur ledit regiſtre, & pourſuivront ſes héritiers pour en obtenir le reſaiſiſſement.

I V.

IL ne pourra agir dans aucune affaire, qu'en conſéquence des ordres & pouvoirs qui lui ſeront donnés par les Députés & Procureur général-ſyndic des États en Cour; il fera les mémoires & les ſuites qui ſeront jugées utiles & néceſſaires: de tout quoi les Députés & Procureur général - ſyndic rendront compte à l'aſſemblée des États, ſans que ledit Avocat ſoit tenu de ſe rendre à ladite Aſſemblée.

CHAPITRE XIII.

Du Greffier des États & de ſes Commis.

ARTICLE PREMIER.

LE Greffier des États ſera choiſi parmi les Gentilshommes d'ancienne extraction, originaires de la Province; ceux de ladite

ladite qualité qui se présenteront pour remplir ladite place, seront admis au concours, en présentant par eux leurs titres à la Commission nommée par les États pour les examiner, laquelle en rendra compte auxdits États, avant qu'il soit procédé à l'élection ; ledit Greffier sera élu, destitué ou continué, dans la forme portée au chapitre IX du présent Règlement.

II.

Le Greffier aura son domicile & son greffe dans la ville de Rennes, dans un lieu décent & convenable pour recevoir les citoyens qui auront des recherches à y faire ; & ledit greffe sera ouvert au Public en tout temps, depuis huit heures jusqu'à midi, & depuis deux heures jusqu'à six heures du soir.

III.

Il sera tenu d'assister avec exactitude aux assemblées des États, à l'effet d'exécuter les ordres qu'il en recevra relativement à ses fonctions.

IV.

Il formera un inventaire exact de toutes les pièces qui seront déposées à son greffe par ordre des États, & recevra par inventaire toutes les pièces, titres & mémoires qui se trouveront audit dépôt lors de sa nomination, & avant d'entrer en fonctions.

V.

Il tiendra un registre chiffré & millésimé par les Présidens des États, sur lequel il portera avec exactitude les dépôts qui auront été ordonnés, & le jour qu'il en aura été chargé.

VI.

Il aura soin de conserver & de se faire ressaisir avec exactitude de la liste des Membres des États dans chacune de leurs Assemblées ; des procurations des Députés &

Agrégés aux députations; des contrats des États, avec les Lettres patentes de ratification & arrêts d'enregiſtrement; des rapports des Commiſſaires nommés aux différens Bureaux pendant l'aſſemblée des États, avec les pièces au ſoutien deſdits rapports; des minutes arrêtées par les Commiſſaires de Sa Majeſté, & par les Députés des États; des différens comptes du Tréſorier qui entrent dans la vérification de l'état de fonds; des conditions & tarifs arrêtés pour les fermes des devoirs, & autres baux & adjudications, enſemble des cautionnemens dûs aux États par leur Tréſorier, leurs Fermiers & adjudicataires, les Receveurs des fouages, & tous autres comptables des deniers de la Province: Il ſera également attentif à ſe faire reſſaiſir des minutes de l'état de fonds arrêté en chaque aſſemblée; de la minute du cahier de remontrances; des procurations pour les emprunts; des doubles des contrats & ratifications deſdits contrats, & de toutes autres pièces dont le dépôt pourra être ordonné par les Commiſſaires de Sa Majeſté, ou par délibération des États.

Les dépôts ainſi ordonnés par les Commiſſaires de Sa Majeſté, ou par les États, ſeront portés ſur un regiſtre qui ſera arrêté & ſigné par les Préſidens des trois Ordres.

VII.

AUCUNES des pièces dépoſées au Greffe des États, ne pourront en être déplacées, ſauf à ceux qui voudront y avoir recours à ſe retirer au Greffe pour en prendre communication.

VIII.

LE Greffier ſera tenu de faire des Groſſes authentiques du procès-verbal de chaque Aſſemblée, de lui certifiées, pour demeurer dépoſées à ſon Greffe, & remplacer les minutes qui ſeront placées aux archives des États.

IX.

Il formera la Table alphabétique du procès-verbal de chaque Assemblée, & continuera la Table alphabétique générale de tous les procès-verbaux des Assemblées précédentes.

X.

Il sera tenu de certifier & collationner toutes les grosses des procès-verbaux des délibérations des États, qui seront délivrées au Greffe, suivant l'usage ordinaire.

XI.

En cas de mort ou de destitution, les Procureurs généraux-syndics feront apposer le scellé sur tous les papiers du Greffier, pour se faire ressaisir, suivant les inventaires, de ceux qui appartiendront aux États; & pour y parvenir, il sera fait des copies de l'inventaire qui fera la charge du Greffier entrant en fonctions, lesquelles seront déposées aux archives des États pour y avoir recours au besoin.

XII.

Les Commis-jurés qui prêtent serment aux États, seront choisis, nommés, continués ou destitués par l'Assemblée, & les autres Commis du Greffe seront nommés par le Greffier, qui demeurera responsable de leur conduite, & caution de leur fidélité.

XIII.

Le Greffier sera tenu d'enregistrer, ou de faire enregistrer sous ses yeux, par l'un desdits Commis, sur le procès-verbal de l'Assemblée, les délibérations qui auront été prises, même d'en former les projets, lesquels seront arrêtés à l'assemblée des Présidens & Procureurs généraux-syndics, ainsi qu'il a été expliqué au chapitre VI du présent Règlement.

XIV.

Lorsque les Ordres se retireront aux Chambres,

le Greffier & les deux principaux Commis du Greffe ſe diſtribueront dans les trois Chambres de délibérations, & s'y rendront toutes les fois qu'ils en ſeront requis, à l'effet de donner à chacun des Ordres toutes les communications du Greffe dont ils auront beſoin pour former leur avis, ſans qu'aucun des trois Ordres puiſſe ſéparément aſſujettir le Greffier ou ſes Commis à remplir aucunes autres fonctions; lui étant & demeurant expreſſément défendu, ainſi qu'auxdits Commis, de faire aucun exercice de leurs Offices, qu'en exécution des délibérations des États, formées à la pluralité des Ordres, ſi ce n'eſt pour donner des inſtructions, & délivrer des expéditions quand ils en ſeront requis par les Membres de l'Aſſemblée.

X V.

Le Greffier, dans le temps intermédiaire des aſſemblées des États, ſera tenu de faire arrêter, chaque mois, l'état de ſes avances & débourſés par les Commiſſaires au premier grand Bureau de Rennes, qui expédieront des Ordonnances comptables, pour le rembourſement deſdits frais, du ſommaire deſquels ils feront rapport aux États.

X V I.

Le Greffier & ſes Commis ſe conformeront au ſurplus à toutes les diſpoſitions qui leur ſont relatives dans le préſent Règlement. Ils jouiront des gages qui leur ont été anciennement attribués, & en outre des gratifications qui leur ſeront accordées par les États, leſquelles ſeront compriſes, ainſi que le ſommaire des Ordonnances comptables pour leſdites avances & débourſés, dans l'état de fonds; & ne pourront leſdites gratifications être acquittées par le Tréſorier, qu'après avoir été confirmées par l'arrêt du Conſeil de Sa Majeſté, approbatif dudit état de fonds.

CHAPITRE XIV.

Du Tréſorier des États.

ARTICLE PREMIER.

LORSQUE la place du Tréſorier des États ſera vacante, ils y nommeront dans la forme preſcrite au chapitre IX, parmi les ſujets qui auront été agréés par Sa Majeſté, & celui qui y aura été nommé, ſera deſtitué ou continué, ainſi qu'il eſt porté audit chapitre IX.

II.

IL ne ſera admis à concourir, aucun Citoyen pourvu d'un office comptable, & le Tréſorier nommé n'en pourra poſſéder aucun après ſa nomination, à peine de deſtitution pour ce fait ſeulement, juſtifié par preuves non contredites.

III.

LE Tréſorier ne pourra pareillement s'immiſcer d'aucune affaire des finances, ſoit dans la Province, ſoit hors de la Province, ſous les mêmes peines de deſtitution, avec preuves ſuffiſantes.

IV.

IL établira trois Bureaux principaux pour le recouvrement de ſes recettes, & pour le payement des arrérages des dettes des États, l'un deſquels Bureaux ſera établi à Paris, le ſecond dans la ville de Rennes, & le troiſième dans la ville de Nantes.

V.

AU moyen des gages & gratifications qui ſeront accordés au Tréſorier, il ne pourra rien exiger pour frais de voitures d'argent, ni prétendre de taxations, ſous prétexte de levées & impoſitions nouvelles.

V I.

Il ſera reſponſable des Commis de ſes Bureaux, leſquels ſeront à ſa nomination, & établis à ſes frais, en tel nombre que le ſervice le requerra.

V I I.

Il ſuivra avec activité tous les Receveurs particuliers de la Province, ſous peine d'en répondre perſonnellement; il fera contraindre les adjudicataires & leurs cautions à payer le prix de leurs fermes aux échéances; & ſera tenu de faire le recouvrement de tous les deniers qui devront entrer dans la caiſſe & de les délivrer à leurs différentes aſſignations.

V I I I.

Il ne payera ſur les ordonnances des Bureaux intermédiaires, établis à Rennes, que les dépenſes relatives aux Parties dont les États auront confié l'adminiſtration auxdits Bureaux.

I X.

Il ne pourra payer les Parties délibérées par les États, leſquelles doivent être approuvées par l'arrêt du Conſeil de Sa Majeſté ſur l'état de fonds, avant l'expédition dudit arrêt, auquel il ſera tenu de ſe conformer, à peine de répondre perſonnellement des payemens par lui faits contre les diſpoſitions dudit arrêt.

X.

Conformément à l'arrêt du Conſeil de Sa Majeſté du 26 octobre 1701, il ne pourra acquitter, au nom des États, & en qualité de Tréſorier, aucune ſomme, ſi les payemens n'en ont été délibérés dans l'Aſſemblée: Il ſe conformera ponctuellement à l'état de fonds, & ne pourra être contraint au payement d'aucune autre ſomme que de celles approuvées par l'arrêt qui ſera rendu au Conſeil de Sa Majeſté ſur ledit état de fonds.

X I.

Il aſſiſtera régulièrement aux ſéances des États pour répondre de toutes les parties de l'adminiſtration qui lui eſt confiée.

CHAPITRE XV ET DERNIER.

Des Députés des États à la Cour, & à la Chambre des Comptes.

ARTICLE PREMIER.

Les États nommeront à la fin de chaque Aſſemblée, dans la forme ordinaire & pratiquée juſqu'à ce jour, un Membre de chacun des trois Ordres, pour préſenter à Sa Majeſté le cahier de leurs très-humbles remontrances, & ſuivre les affaires des États pendantes au Conſeil de Sa Majeſté, conformément aux inſtructions qu'ils recevront des États.

I I.

Les Députés de l'ordre de l'Égliſe, en Cour & à la Chambre des Comptes, pourront être élus parmi les Évêques, les Abbés & les Députés des Chapitres des égliſes cathédrales.

I I I.

Lesdits Députés ſe rendront vers Sa Majeſté après la ſéparation de l'Aſſemblée, & y reſteront juſqu'à l'Aſſemblée ſuivante.

I V.

Les États nommeront également à la fin de chaque Aſſemblée, & dans la forme ordinaire & pratiquée juſqu'à ce jour, un Membre de chacun des trois Ordres pour aſſiſter à l'audition des comptes rendus par le Tréſorier à la Chambre des Comptes de Bretagne.

V.

Le Député de l'ordre de l'Église, sera alternativement un Abbé de la Province, & un Chanoine d'un des Chapitres cathédraux de ladite Province.

V I.

Lesdits Députés se rendront à Nantes huit jours avant le temps destiné à l'audition & examen desdits comptes, desquels le Trésorier sera tenu de leur communiquer une copie certifiée avec la liasse au soutien.

V I I.

Ils se conformeront au cérémonial arrêté par le Règlement du 18 novembre 1732.

V I I I.

Tous lesdits Députés seront tenus de se trouver à l'assemblée des États qui suivra leur députation, d'y rendre compte des affaires qu'ils auront faites, & d'assister à ladite Assemblée pendant toute sa durée, pour être en état d'y donner les instructions qu'on pourra leur demander.

I X.

Les payemens ou gratifications que les États sont en usage de faire à leurs Députés à la Cour & à la Chambre des Comptes, continueront d'avoir lieu en exécution de l'article XIV du chapitre IX du Règlement de 1687, & seront acquittés par le Trésorier après délibérations des États à cet effet.

www.ingramcontent.com/pod-product-compliance
Ingram Content Group UK Ltd.
Pitfield, Milton Keynes, MK11 3LW, UK
UKHW020208200726
13856UKWH00003B/1255